AF345179

COLLECTION

DE FEU M. H. MONTAGU

CONDITIONS DE LA VENTE

Elle sera faite au comptant.

Les acquéreurs payeront, en sus des enchères, cinq pour cent, honoraires des experts.

MM. ROLLIN et FEUARDENT se chargent, moyennant cinq pour cent, de remplir les commissions des personnes qui ne pourraient assister à la vente.

MACON, PROTAT FRÈRES, IMPRIMEURS

COLLECTION DE FEU M. H. MONTAGU, F. S. A.

Vice-Président de la Société numismatique de Londres.

MONNAIES D'OR

ROMAINES & BYZANTINES

VENTE AUX ENCHÈRES PUBLIQUES

Du Lundi 20 au Samedi 25 et les Lundi 27 et Mardi 28 Avril, à deux heures précises

A L'HOTEL DES COMMISSAIRES-PRISEURS

9, RUE DROUOT, SALLE N° 10

Au premier.

EXPOSITION PARTICULIÈRE

4, RUE DE LOUVOIS, 4

Du Lundi 13 au Samedi 18 Avril, de deux à cinq heures.

EXPOSITION PUBLIQUE

A L'HOTEL DES COMMISSAIRES-PRISEURS, SALLE N° 10

Le Dimanche 19 Avril, de deux à cinq heures.

Commissaire-Priseur :

Me Maurice DELESTRE

5, RUE SAINT-GEORGES, 5

Experts :

MM. ROLLIN & FEUARDENT

4, RUE DE LOUVOIS, 4

et 6, Bloomsbury Street, Londres

PARIS 1896

La belle collection de monnaies romaines, dont on trouvera ci-joint le catalogue, a été formée à Londres par M. Hyman Montagu, membre de la Société d'Archéologie et vice-président de la Numismatic Society.

Les personnes qui l'ont connu et qui ont conservé de lui un souvenir sympathyque liront avec intérêt la notice que M. Grueber, un des conservateurs du Bristish Museum, a placée en tête du premier catalogue de ses monnaies anglaises, Sotheby, Wilkinson et Hodge (Londres, 1895).

Nous nous contenterons de rappeler ici que M. Montagu, après de bonnes études classiques, s'occupa, pendant sa jeunesse, d'histoire naturelle et réunit quelques monnaies anciennes. Il se consacra ensuite à l'étude du droit, et les succès qu'il rencontra dans sa carrière lui firent remettre à plus tard le goût qu'il avait toujours eu de collectionner les médailles. Ce fut seulement en 1878 qu'il put s'occuper de la numismatique anglaise qui l'intéressa d'abord. Ses collections grecques et romaines ne datent que de 1889.

Suivant une remarque très judicieuse de M. Grueber, le principal trait de son caractère était de porter à la perfection tout ce qu'il entreprenait. C'est ainsi que ses Suites anglaises devinrent les plus nombreuses qu'un particulier ait jamais réunies. Ses médailles grecques nous ont présenté les plus beaux types de l'antiquité et sa collection romaine est la plus remarquable qui ait jamais été présentée aux enchères; elle est plus nombreuse que la célèbre collection d'Amécourt, et la conservation des pièces en est peut-être supérieure.

Cinq années ont suffi pour arriver à ce résultat surprenant; beaucoup de ces pièces proviennent naturellement de collections anciennes. (Nous avons cherché autant que possible à l'indiquer dans le catalogue.) Mais on y trouvera aussi quantité de pièces nouvelles venues d'Italie, d'Orient, etc.; tous les pays antiques ont été mis à contribution. Son nom était partout connu et ce qui se trouvait de beau et de rare finissait toujours par lui arriver. Il se fiait à son coup d'œil et semblait avoir reçu comme un don naturel la connaissance pratique des médailles.

M. Montagu était aussi un savant, il avait déjà publié plusieurs articles très appréciés, d'autres allaient paraître; il avait réuni de nombreux documents et croyait avoir le temps de les utiliser lorsqu'il fut prématurément enlevé à ses amis et à la science, le 18 février 1895, à l'âge de 50 ans.

Ses monnaies romaines seront vendues à Paris suivant son désir. C'est une réunion vraiment extraordinaire, 1.291 monnaies d'or, presque toutes à fleur de coin, parmi lesquelles on rencontre les plus grandes raretés de la série romaine. Nous allons, selon l'usage, citer les pièces les plus importantes; c'est le plus bel éloge que nous puissions faire de la collection.

N°s 14-15, Cornélia. — 18, Manlia. — 26, Julia. — 34-35, Jules César. — 36, Jules César et Octave. — 40, Brutus. — 47, Ahenobarbus. — 49-50, Lépide. — 52-53-54-57, Marc-Antoine. — 62, Fulvie. — 63, Marc-Antoine et Octavie. — 64-65, Marc-Antoine et Marc-Antoine fils. — 66-71-72-82-86-103-107, Auguste. — 109, Agrippa et Auguste. — 110, Caius César. — 165-166, Interrègne. — 184, Vitellius et Vitellius père. — 202, Vespasien et Domitille. — 218, Julie, fille de Titus. — 219-220, Titus et Julie. — 243-244-245-246, Domitia. — 247, Domitien et Domitia. — 274, Trajan et Trajan père. — 461-462, Dide-Julien. — 463, Manlia Scantilla. — 464, Didia Clara. — 465, Pescennius Niger. — 466, Albin. — 483, Septime-Sévère. — 490,

Septime-Sévère, Caracalla et Géta. — 523, Caracalla. — 524, Caracalla, Septime-Sévère et Julie Domne. — 526, Caracalla et Plautille. — 527, Caracalla et Géta. — 528, Plautille. — 535-536, Macrin. — 538, Diaduménien. — 549-550-551, Élagabale. — 553, Soémias. — 565-566-567-568, Uranius Antonin. — 569, Maximin. — 641, Gallien. — 642, Salonine. — 646, Salonin. — 648, Macrien. — 654, Postume. — 664, Laelien. — 667-669, Victorin. — 670, Marius. — 678, Claude II. — 686, Aurélien. — 722, Julien Tyran. — 742, Dioclétien et Maximien Hercule. — 760, Allectus. — 768, Hélène. — 771, Maximien Galère. 825-826-827-828-829-830-832-833-834, Constantin I. — 835, Constantin I, Crispus et Constance II. — 837, Fausta. — 842, Crispus. — 850-851-852, Constantin II. — 860, Constant. — 877-878-879, Constance II. — 881, Vétranio. — 914, Valentinien I. — 929, Procope. — 952, Flacille. — 961, Victor. — 1001-1002, Licinia Eudoxia. — 1023, Olibrius. — 1031, Romulus Augustule. — 1064, Vérine. — 1109, Maurice Tibère. — 1194-1195-1196, Irène. — 1220, Michel, Théodora et Thécla. — 1224, Basile Ier, Constantin IX et Eudocie. — 1227, Alexandre. — 1228, Constantin X et Romain I.

COLLECTION DE FEU M. H. MONTAGU

PRIX DES ADJUDICATIONS

SANS LE CINQ POUR CENT[1]

Prix : Deux francs

Nos	Fr.	Nos	Fr.	Nos	Fr.	Nos	Fr.
1	40	33	405	*65	2200	97	80
2	410	*34	720	66	210	*98	165
3	420	35	605	67	425	99	135
*4	135	36	530	68	275	100	115
5	91	*37	300	69	167	101	230
*6	115	*38	305	70	315	*102	205
*7	365	39	320	*71	1000	103	545
8	88	*40	1400	72	235	*104	88
*9	395	41	280	*73	230	*105	280
10	205	42	275	74	310	*106	175
*11	300	43	260	75	215	*107	440
*12	185	44	255	76	195	108	379
13	170	45	260	77	310	109	1405
*14	370	46	265	*78	225	*110	2350
*15	1100	*47	1400	79	330	111	220
*16	400	*48	775	*80	200	112	115
17	285	*49	1750	*81	200	113	95
*18	1750	*50	1350	*82	420	*114	110
*19	250	*51	400	*83	240	*115	195
20	190	52	365	84	465	116	115
21	160	53	470	*85	175	117	115
22	395	*54	1300	86	599	*118	155
23	455	*55	255	*87	120	*119	120
*24	145	*56	290	88	295	120	61
25	120	57	540	89	160	*121	112
*26	650	58	280	90	170	*122	196
27	57	59	310	*91	160	*123	330
*28	56	*60	185	*92	140	124	115
29	85	61	205	*93	155	125	245
30	98	*62	830	94	130	126	375
31	205	63	2025	95	135	*127	385
32	96	*64	600	*96	100	*128	310

1. Les nos marqués d'un astérisque ont été adjugés aux experts.

Nos	Fr.	Nos	Fr.	Nos	Fr.	Nos	Fr.
*129....	300	180....	147	*231....	110	282....	225
*130....	175	181....	180	232....	260	*283....	120
131....	600	182....	210	*233....	100	284....	108
132....	385	183....	225	*234....	225	285....	300
133....	305	184....	800	*235....	145	286....	230
*134....	150	*185....	60	*236....	180	287....	335
135....	275	*186....	100	237....	135	*288....	80
*136....	260	*187....	135	*238....	105	289....	110
*137....	260	188....	330	239....	205	*290....	85
138....	200	*189....	200	*240....	95	*291....	100
*139....	110	*190....	185	241....	95	*292....	120
*140....	110	191....	85	242....	105	293....	51
141....	160	192....	95	243....	1050	*294....	125
*142....	155	193....	121	244....	310	295....	125
143....	210	194....	105	245....	330	*296....	80
144....	80	*195....	160	246....	420	297....	105
*145....	60	196....	75	*247....	640	298....	140
*146....	100	197....	345	*248....	230	*299....	180
147....	90	198....	72	*249....	120	300....	225
*148....	245	199....	305	*250....	125	301....	135
149....	185	*200....	85	*251....	162	*302....	92
150....	146	201....	260	252....	165	*303....	235
151....	220	*202....	1850	*253....	105	*304....	115
152....	180	203....	95	*254....	90	305....	350
153....	200	*204....	135	*255....	85	306....	155
*154....	101	205....	195	*256....	136	307....	305
*155....	185	*206....	150	*257....	155	308....	321
156....	101	*207....	335	258....	105	309....	465
*157....	80	*208....	100	*259....	81	*310....	200
*158....	205	209....	100	260....	206	*311....	370
*159....	100	*210....	70	*261....	170	312....	235
*160....	130	*211....	150	262....	140	313....	385
*161....	145	212....	135	263....	72	314....	125
162....	65	*213....	100	264....	120	315....	325
*163....	135	214....	195	265....	215	*316....	200
164....	71	215....	100	266....	130	*317....	200
*165....	1300	*216....	91	267....	61	*318....	220
*166....	1450	217....	300	*268....	185	319....	100
*167....	210	218....	3050	*269....	200	*320....	170
168....	175	219....	1207	270....	390	*321....	135
*169....	155	220....	3250	271....	345	322....	96
*170....	145	*221....	155	272....	600	323....	161
171....	140	222....	100	273....	360	*324....	110
*172....	300	*223....	85	*274....	1000	*325....	90
173....	181	224....	85	275....	312	*326....	95
174....	335	225....	95	*276....	105	*327....	90
*175....	205	226....	90	277....	101	*328....	180
*176....	312	*227....	100	*278....	260	*329....	130
*177....	300	228....	85	279....	240	330....	102
*178....	310	229....	102	*280....	255	*331....	100
179....	150	230....	126	*281....	165	*332....	125

Nos	Fr.	Nos	Fr.	Nos	Fr.	Nos	Fr.
*333....	100	*384....	70	*435....	295	*486....	370
*334....	90	*385....	91	*436....	365	*487....	190
*335....	80	*386....	74	*437....	245	488....	455
*336....	100	*387....	115	*438....	200	*489....	405
*337....	115	*388....	75	*439....	220	*490....	445
*338....	70	*389....	80	440....	181	491....	430
*339....	80	390....	205	*441....	200	*492....	265
340....	95	391....	97	442....	247	*493....	240
341....	66	392....	165	443....	205	494....	215
*342....	70	*393....	125	*444....	200	495....	205
*343....	215	*394....	95	445....	350	496....	325
*344....	170	*395....	105	446....	305	497....	215
345....	125	*396....	125	*447....	355	498....	255
*346....	80	397....	145	*448....	165	*499....	295
347....	100	*398....	170	*449....	265	500....	360
348....	95	*399....	90	450....	86	501....	220
*349....	155	400....	97	*451....	335	502....	375
*350....	170	*401....	130	452....	320	*503....	260
*351....	145	402....	195	453....	385	504.. .	245
352....	260	*403....	150	*454....	455	505....	230
353....	115	404....	187	*455....	370	506....	220
354....	140	*405....	120	*456....	310	*507....	245
355....	181	406....	115	457....	295	508....	200
*356....	155	*407....	110	458....	300	509....	270
*357....	180	*408....	155	459....	252	*510....	365
*358....	170	*409....	120	*460....	320	511....	305
359....	250	*410....	80	461....	830	*512....	405
360....	203	*411....	160	*462....	800	513....	210
*361....	250	*412....	100	463....	1450	*514....	250
*362....	215	*413....	120	*464....	790	*515....	225
*363....	205	*414....	85	*465....	6100	516....	210
364....	180	415....	370	*466....	2280	517....	95
*365....	130	*416....	335	*467....	215	*518....	210
*366....	120	417....	430	468....	210	519....	265
*367....	105	418....	82	*469....	175	520....	335
368....	205	419....	76	*470....	190	*521.. .	230
369....	145	420....	85	471....	263	*522....	370
370....	110	421....	62	*472....	215	523....	2500
*371. ..	135	422....	73	473....	177	524....	535
*372....	220	*423....	200	474....	215	*525....	500
*373....	80	*424....	100	475....	225	*526....	460
*374....	85	*425....	80	*476....	240	527....	740
375....	115	*426....	65	*477....	175	*528....	970
376....	96	427....	75	478 ..	185	*529....	800
*377....	305	428....	90	479....	325	*530....	1220
378....	155	429....	77	480....	470	531....	655
*379....	135	*430....	87	481....	395	*532....	1020
380....	105	431....	140	482...	455	*533....	1030
381....	80	432....	130	*483. . .	2800	534. ..	335
*282....	70	433....	150	484....	210	535....	890
*383....	135	434....	175	*485....	300	536....	700

Nos	Fr.	Nos	Fr.	Nos	Fr.	Nos	Fr.
*537....	740	588....	80	*639....	140	*690....	620
*538....	2420	589....	92	640....	255	*691....	1750
539....	160	590....	230	*641....	1925	692....	490
*540....	265	591... .	72	642....	910	*693....	255
541....	165	592....	78	643. ..	340	*694....	700
*542....	168	*593....	215	644 ...	560	695....	355
543....	270	594....	295	645....	720	*696....	310
544....	240	595. ..	355	646....	500	697....	225
545....	280	596....	58	647....	260	698...	270
546....	190	*597....	430	648....	1410	*699...	170
547....	180	598....	700	649....	710	*700....	720
*548....	255	*599....	250	*650....	355	701....	370
*549....	420	*600....	330	*651....	330	702....	405
550....	535	*601....	410	652....	315	703....	235
551....	1280	602....	430	*653....	810	*704....	365
*552....	320	603....	410	654....	1100	705....	155
*553....	5000	*604....	320	655... .	1300	*706....	210
*554....	170	*605....	590	*656	810	707....	185
555....	140	*606....	480	*657....	560	708....	165
556....	130	607....	455	*658....	320	709....	245
*557....	145	608....	980	*659....	270	*710....	190
558....	125	*609...	305	*660 ...	180	711....	385
559....	130	610....	325	*661....	430	*712....	525
*560....	355	611....	230	*662....	1200	713 ...	330
*561....	220	612....	315	*663....	650	714....	165
*562....	250	613...	345	664....	1705	715....	255
563....	405	614....	385	665....	710	716....	315
564....	155	615....	135	*666....	670	*717....	310
565....	4150	*616....	150	*667....	1905	*718....	250
*566....	1750	617....	125	*668. ..	700	719....	280
*567....	3200	*618....	125	*669....	1000	*720...	690
*568....	4000	*619....	140	*670....	3850	721....	615
*569....	620	620 ...	125	*671....	415	722....	585
570....	135	621....	145	672....	920	723....	395
571....	105	*622....	205	673....	435	*724....	460
572....	115	623....	51	*674....	855	*725....	150
573....	110	*624....	80	*675....	650	726....	237
*574....	125	*625....	325	676....	160	*727....	125
*575....	155	*626....	205	*677....	550	*728 ...	130
*576....	145	627....	80	678....	860	729....	116
577....	100	628....	71	*679. ..	210	*730....	130
578....	120	629....	82	680 ...	185	731....	150
579....	310	*630....	170	681....	215	732....	127
*580....	610	631....	160	*682....	195	*733....	320
*581....	525	632....	140	683.. .	270	734....	160
*582....	670	633....	51	*684....	215	735.. .	115
*583....	460	*634....	175	685....	200	*736....	120
*584....	1205	*635....	100	686....	1005	737.. .	130
*585....	750	*636....	125	687....	825	*738....	285
*586....	500	637....	85	688....	245	739....	130
587....	515	*638....	275	*689....	215	*740. ..	270

Nos	Fr.	Nos	Fr.	Nos	Fr.	Nos	F.
741....	146	792....	185	*843....	175	*894...	100
*742....	920	793....	230	*844....	375	*895....	40
743....	349	794....	770	*845....	200	*896....	45
*744....	155	*795....	160	*846....	275	*897....	65
745....	157	796....	240	*847....	210	898....	77
*746....	365	797....	115	*848....	85	899...	77
*747....	130	*798...	280	849...	145	*900....	105
*748....	190	*799....	265	*850....	890	*901....	70
*749....	300	*800....	330	*851....	780	902....	56
*750....	125	*801....	100	*852....	1150	903...	90
751....	160	*802....	185	*853....	750	904....	75
752....	280	*803....	275	*854....	630	*905...	60
*753....	225	804....	115	*855....	105	*906...	25
*754....	160	805....	130	856....	50	*907...	25
*755....	150	806....	195	857....	92	*908....	22
756....	156	*807....	170	858....	59	*909....	45
*757....	285	*808....	140	*859....	145	*910....	38
758....	240	*809....	410	*860....	1120	911....	31
*759....	100	810....	165	*861....	110	*912....	25
760....	1900	811....	170	862....	115	*913....	100
*761....	230	812....	185	863....	110	*914....	3500
*762....	152	813....	105	864....	290	*915....	22
763....	122	814....	150	865...	45	*916....	35
*764....	285	815....	115	866....	49	917....	35
*765....	225	*816....	140	867...	30	*918....	45
766....	115	*817...	130	*868....	75	*919....	25
767....	1000	818....	80	869....	36	920....	26
768....	6500	*819....	100	870....	41	921....	22
*769....	200	820....	145	871....	51	*922...	55
*770....	185	821....	200	872....	55	*923...	37
771....	2200	822....	175	873....	55	*924....	39
772....	370	*823....	100	874....	36	*925....	37
773....	700	*824....	170	875....	49	*926....	37
*774....	925	825....	745	876....	50	927....	42
*775....	300	826....	1100	*877....	990	*928....	59
*776....	180	827...	710	*878....	850	929...	955
*777....	215	828....	735	879....	1450	*930....	20
778....	235	829....	610	880....	765	*931.... }	50
*779....	170	*830....	1200	881....	1475	*932.... }	
*780....	300	831....	115	*882...	215	*933...	23
781....	200	832....	695	883....	170	*934....	25
*782....	220	*833....	1550	884....	60	*935....	25
*783....	570	834....	615	885....	55	*936...	25
*784....	210	835....	3010	886....	60	*937....	22
*785...	200	*836....	790	*887....	260	*938....	32
786....	195	*837....	2665	888....	105	*939.... }	45
787....	500	*838....	515	*889...	195	*940.... }	
*788....	180	839....	445	*890....	105	*941...	22
*789....	180	*840....	465	891....	85	*942....	22
790....	255	841....	630	892...	70	*943....	35
791....	240	*842....	2550	*893....	80	*944....	30

Nos	Fr.
945...	33
*946....	20
947....	40
*948....	
*949....	25
*950 ...	20
951....	22
952....	650
*953...	31
954....	46
955....	
956....	29
*957....	20
*958....	67
959...	66
*960...	30
*961....	1780
*962....	165
*963....	101
*964....	27
*965....	40
966....	25
967...	35
*968....	42
*969....	
*970...	41
*971....	20
*972....	15
*973....	30
974....	67
975 ...	37
976....	50
*977....	240
978....	155
979....	105
*980....	250
*981....	80
*982....	85
983....	40
984....	41
985....	46
*986....	228
987....	275
*988....	80
*989....	70
*990....	20
991....	50
*992....	27
*993....	
*994....	58
*995....	

Nos	Fr.
*996...	50
*997...	51
*998...	50
999...	82
*1000..	15
1001...	1205
*1002...	1600
*1003...	310
*1004...	110
1005...	210
*1006 .	180
*1007...	255
*1008...	80
*1009..	100
*1010...	50
*1011...	32
1012..	76
*1013...	
*1014...	70
*1015...	
1016...	33
1017...	40
1018...	46
*1019...	46
*1020...	40
*1021...	52
*1022...	25
1023...	610
1024...	280
*1025...	375
*1026...	395
1027...	200
*1028...	85
*1029...	36
1030...	27
*1031...	390
*1032...	330
1033...	300
1034...	26
1035...	24
1036...	25
1037..	120
1038...	26
*1039...	50
*1040...	50
*1041...	40
*1042...	
*1043...	50
*1044...	
1045...	46
1046...	

Nos	Fr.
*1047...	25
1048..	25
*1049...	31
*1050 ..	190
1051...	72
1051 bis	56
1052...	29
*1053 ..	40
*1054...	
1055...	170
*1056...	49
*1057 ..	40
*1058...	
1059...	45
1060...	22
*1061...	
*1062...	27
*1063...	
*1064..	455
1065...	190
*1066...	75
1067...	30
*1968...	40
*1069...	
1070...	29
*1071...	
*1072...	40
*1073...	
*1074...	
1075...	645
*1076...	76
1077...	41
*1078...	45
*1079...	
1080...	70
*1081...	
*1082...	60
*1083..	
1084..	61
1085...	
*1086...	31
*1087...	25
*1088...	
1089...	65
*1090...	42
*1091...	
*1092..	31
*1093...	20
*1094..	
1095...	96
1096...	150

Nos	Fr.
1097...	21
*1098...	20
*1099..	20
*1100...	32
*1101...	
*1102...	12
1103 ..	13
*1104...	20
*1105 ..	20
*1106...	31
*1107...	
1108 ..	53
1109...	250
*1110...	20
1111...	
1112...	49
1113...	
1114...	
1115...	40
1116...	
1117...	315
1118 .	300
*1119...	365
*1120...	
*1121...	
*1122...	70
*1123 .	
*1124...	
*1125...	
*1126...	52
*1127...	
1128...	39
1129...	
1130...	22
1131...	47
1132...	
1133...	
1134...	70
1135...	
1136...	
1137...	62
1138...	
1139...	25
1140...	26
1141...	50
1142...	
1143...	60
1144...	
1145...	36
1146...	

Nos	Fr.
1147...	43
1148...	
1149...	
1150...	59
1151..	
1152...	28
1153...	36
*1154...	
*1155 ..	
*1156...	50
*1157...	
*1158...	
*1159...	
1160...	34
*1161...	48
*1162...	
*1193...	
*1164...	40
*1165...	
1166...	60
1167...	
*1168...	25
1169...	28
1170...	
*1171...	65
1172. .	37
1173...	181
1174...	151
*1175...	120
1176...	
1177...	85
1178 ..	
*1179...	28
*1180 ..	48
*1181...	
1182...	
1183...	83
1184...	
1185...	
1186...	78
1187...	
1188...	
*1189...	30
1190 ...	220
1191...	160
1192...	41
1193. .	30
*1194...	220
1195...	165
1196...	261
1197...	62
*1198...	38
1199...	110
*1200...	210
*1201...	370
1202...	205
*1203...	80
*1204...	55
*1205...	40
*1206 ..	100
*1207...	60
1208...	40
1209...	79
1210...	46
*1211...	
*1212...	40
*1213...	
*1214...	
1215...	24
1216...	79
1217...	25
1218...	48
*1219...	150
*1220...	600
1221...	32
1222...	
*1223...	30
1224...	870
*1225...	10
*1226...	65
*1227...	600
1228...	260
*1229...	30
*1230...	80
*1231...	85
*1232...	65
*1233...	30
1234...	48
1235...	
1236...	54
1237...	
1238...	46
*1239...	40
*1240...	25
1241...	47
1242...	46
1243...	
1244...	81
1245...	
*1246...	75
*1247...	100
*1248...	100
1249...	48
1250...	
*1251...	75
1252...	
1253...	59
1254...	
1255...	80
1256...	26
*1257...	50
*1258...	38
*1259...	
1260...	71
1261...	42
1262...	
1263...	
1264...	70
1265...	
1266...	
*1267...	35
*1268...	
1269...	
1270...	56
1271...	
1272...	
1273...	66
1274...	
1275...	41
1276...	
1177...	40
1278...	
*1279...	45
*1280...	
*1281...	65
*1282...	
*1283...	40
1284...	61
1285...	65
1286...	30
1287...	
*1288...	30
1289...	26
*1290...	70
*1291...	30

TOTAL DE LA VENTE : **363,004** francs.

CATALOGUE

DE

MONNAIES ROMAINES

MONNAIES DE LA RÉPUBLIQUE

ROMANO-CAMPANIENNES [1]

1. Double tête de femme portant la stéphanè.

℞. Le quadrige de Jupiter tourné à droite. Poids, 2 gr. 78. (N° 26.) T.B. EL.

2. Tête laurée et imberbe de Janus.

℞. ROMA. Personnage à genoux entre deux guerriers, tenant un petit cochon dans ses bras. Les deux guerriers, dont l'un est barbu, vêtu de la chlamyde grecque et armé d'une longue lance, et l'autre, imberbe, portant le costume romain et armé d'une haste courte, prêtent serment sur la tête de l'animal.

Denarius aureus. Poids, 6 gr 84. (N° 27.) B. OR.

3. Tête laurée et imberbe de Janus.

℞. ROMA. Même type que la pièce précédente, mais le module est de moitié plus petit.

Quinarius aureus. Poids, 3 gr. 50. (N° 28.) (Collection d'Amécourt.) T.B. OR.

1. Les numéros cités sont ceux de l'ouvrage de Babelon, *Monnaies de la République romaine*, 2 vol. in-8°. Rollin et Feuardent, Paris et Londres, 1885-1886.

4. Tête casquée de Mars barbu, à droite; derrière, LX.

℞. ROMA. Aigle, les ailes éployées, debout, à droite, sur un foudre (*soixante sesterces*). (N° 29.) T.B. OR.

5. Tête casquée de Mars barbu, à droite; derrière, LX.

℞. ROMA. Aigle, les ailes éployées, debout, à droite, sur un foudre. *Symbole*, bâton noueux (*scipio*). (*Soixante sesterces.*) (N° 29.) B. OR.

6. Tête casquée de Mars barbu, à droite; derrière, LX.

℞. ROMA. Aigle, les ailes éployées, debout, à droite, sur un foudre. *Symbole*, pentagone. (*Soixante sesterces.*) (N° 29.) B. OR.

7. Tête casquée de Mars barbu, à droite; derrière, XXXX.

℞. ROMA. Même revers (*quarante sesterces*). (N° 30.) T.B. OR.

8. Même tête; derrière, XX.

℞. ROMA. Même revers (*vingt sesterces*). (N° 31.) T.B. OR.

MONNAIES CONSULAIRES

AVEC NOMS DE FAMILLE

ARRIA

9. M. ARRIVS SECVNDVS. Buste diadémé de la Fortune, à droite; au-dessus, F.P.R.

℞. Haste entre une couronne et une phalère, avec la contremarque de Modène. (N° 1.) (Collection Jarry.) B. OR.

CESTIA

10. Buste de l'Afrique, à droite, coiffée d'une peau d'éléphant.

℞. L. CESTIVS, en haut; C. NORBA., à l'exergue; dans le champ, à droite, PR, et, à gauche, S.C. Chaise curule sur laquelle est posé un casque; sur les bâtons de la chaise, on voit deux colombes. (N° 1.) T.B. OR.

CLAUDIA

11. C. CLODIVS C.F. Tête de Flore couronnée de fleurs, à droite; derrière, une fleur de lis.

℞. VESTALIS. La Vestale Claudia Quinta assise, à gauche, tenant un simpulum. (N° 12.) T.B. OR.

12. Tête radiée du Soleil, à droite; derrière, I.

℞. P. CLODIVS M.F. Croissant lunaire entouré de cinq étoiles. (N° 16.) T.B. OR.

13. Tête radiée du Soleil, à droite; derrière, I.

℞. P. CLODIVS M. F. Croissant lunaire entouré de cinq étoiles. (N° 16 var.) B. OR.

CORNELIA

14. L. SVLLA. Tête diadémée de Vénus, à droite; devant, Cupidon debout tenant une longue palme.

℞. IMPER. ITERVM. Præfericulum et lituus entre deux trophées. (N° 28.) (Collection d'Amécourt.) Poids, 10 gr. 70. T.B. OR.

15. Tête laurée de Jupiter, à droite, dans une bordure de perles.

℞. CN. LENTVL. Aigle, les ailes éployées, tourné à gauche et posé sur un foudre; bordure perlée. (N° 57.) Monnaie de première rareté. (Collection Borghesi.) Poids, 7 gr. 90. T.B. OR.

MANLIA

16. L. MANLI. PRO. Q. Tête de la déesse Rome, à droite, coiffée d'un casque ailé.

℞. L. SVLLA IM. Sylla dans un quadrige au pas, à droite, tenant un sceptre et couronné par la Victoire. Poids, 10 gr. 70 c. (N° 3.) F.D.C. OR.

17. L. MANLI. PRO. Q. Tête de la déesse Rome, à droite, coiffée d'un casque ailé.

℞. L. SVLLA IMP. Sylla dans un quadrige au pas, à droite, tenant un sceptre et couronné par la Victoire. (N° 5.) T.B. OR.

18. A. MANLI. A. F. Q. Tête de la déesse Rome, à droite, avec un casque orné d'une crinière et deux aigrettes.

℞. L. SVLLA FELIX DIC. Statue équestre de Sylla, à gauche. (N° 10.) Poids, 10 gr. 71. T.B. OR.

MUSSIDIA

19. Tête de Cérès couronnée d'épis, à droite.

℞. L. MVSSIDIVS LONGVS. en deux lignes, dans une couronne d'épis. (N° 1.) (Collection d'Amécourt.) T.B. OR.

20. Tête de Cérès couronnée d'épis, à droite.

℞. L. MVSSIDI. LONGVS. en deux lignes dans une couronne d'épis. (N° 3.) B. OR.

NORBANA

21. C. NORBANVS L. CESTIVS PR. Buste de Vénus, à droite, la tête ceinte d'un bandeau.

℞. S.C. Cybèle assise sur un char traîné par deux lions et marchant à gauche. (N° 5.) B. OR.

SULPICIA

22. L. SERVIVS RVFVS. Têtes accolées des Dioscures, à droite, avec leurs bonnets coniques laurés et surmontés d'étoiles.

℞. Vue à vol d'oiseau de la citadelle de Tusculum; au-dessus de la porte, l'inscription TVSCVL. (contremarqué avec l'aigle de Modène.) (N° 9.) (Collection Jarry.) B. OR.

VIBIA

23. Buste casqué de Pallas, à gauche, tenant une haste et un bouclier.

℞. C. VIBIVS VARVS. Némésis ailée, debout, à droite, regardant son sein et écartant de la main droite la draperie qui le recouvre. (N° 25.) T.B. OR.

24. Tête laurée de Vénus, à droite.

℞. C. VIBIVS VARVS. Vénus à demi nue, vue de dos, debout près d'une colonne et se regardant dans un miroir qu'elle tient à la main. (N° 27.) T.B. OR.

25. La même médaille. (N° 27.) B. OR.

MONNAIES IMPÉRIALES[1]

JULES CÉSAR

(694-710; av. J.-C., 60-44).

26. IIT. Tète de la Piété, à droite, couronnée de chêne.

℞. CAE—SAR. Trophée avec un bouclier et une trompette gauloise ; à droite, une hache. (Vers 796 ; av. J.-C., 48.) (N° 17.) (Collection Du Chastel.) F.D.C. OR.

27. C. CAESAR COS. TER. Tète voilée de la Piété jeune, à droite.

℞. A. HIRTIVS PR. Bâton d'augure, vase à sacrifice et hache. (708 ; av. J.-C., 46.) (N° 2.) T.B. OR.

28. Même légende. Tête voilée de la Piété.

℞. Même revers. (N° 2.) T.B. OR.

29. C. CAES. DIC. TER. Buste ailé de la Victoire, à droite.

℞. L. PLANC. PR. VRB. Vase à sacrifice. (708 ; av. J.-C., 46.) (N° 30.) B. OR.

30. C. CAES. DIC. TER. Buste ailé de la Victoire, à droite.

℞. L. PLANC. PRAEF. VRB. Vase à sacrifice. (708 ; av. J.-C., 46.) (N° 31.) (Collection d'Amécourt.) T.B. OR.

31. C. CAES. DIC. TER. Buste ailé de la Victoire, à droite.

℞. L. PLANC. PRAEF. VRB. Vase à sacrifice.(708 ; av. J.-C., 46.) (N° 32.) (Collection d'Amécourt.) T.B. OR. Q.

32. CAES. DIC. QVAR. Buste diadémé de Vénus, à droite.

℞. COS. QVINC dans une couronne de laurier. (710 ; av. J.-C., 44.) (N° 20.) T.B. OR.

33. IMP. DIVI IVLI F. TER. III. VIR. R.P.C. Tête jeune, laurée et divinisée, de Jules César, à droite ; en haut, une étoile. (La légende se rapporte à Octave.)

1. Les numéros cités sont ceux de l'ouvrage de Cohen, *Monnaies impériales*, 2e édition, 8 vol. in-8°. Rollin et Feuardent, Paris et Londres, 1880-1892.

℞. M. AGRIPPA COS. DESIG. en deux lignes dans le champ. (716; av. J.-C., 38.) (N° 33.) (Collection d'Amécourt.) T.B. OR.

34. M. SANQVINIVS III. VIR. Tête laurée de Jules César, à droite, jeune et divinisée; en haut, une comète.

℞. AVGVST. DIVI F. LVDOS. SAEC. Prêtre salien debout, vêtu de la stole avec un casque orné de deux plumes, tenant un caducée ailé et un bouclier rond. (Frappée sous Auguste, en 738; av. J.-C., 16.) (N° 5.) (Collection d'Amécourt.) B. OR.

35. C. IVLIVS CAES. IMP. COS. III. Tête nue de Jules César, à droite.

℞. IMP. CAES. TRAIAN. AVG. GER. DAC. P.P. REST. Vénus debout, à droite, appuyée contre une colonne, tenant un casque et une haste transversale; à ses pieds, un bouclier. (N° 54.) (Médaille restituée par Trajan.) T.B. OR.

JULES CÉSAR ET OCTAVE

36. C. CAESAR DICT. PERP. PONT. MAX. Tête laurée de Jules César, à droite.

℞. C. CAESAR COS. PONT. AVG. Tête nue d'Octave, à droite. (710; av. J.-C., 44.) (N° 2.) T.B. OR.

37. C. CAESAR DICT. PERP. PONT. MAX. Tête laurée de Jules César, à droite (la tête de César est très grande).

℞. C. CAESAR COS. PONT. AVG. Tête nue d'Octave, à droite. (710; av. J.-C., 44.) (N° 2 var.) OR.

BRUTUS (MARCUS JUNIUS)

(710-712; av. J.-C., 44-42.)

38. L. PLAET. CEST. Buste de femme, à droite, voilée et laurée, avec le modius sur la tête.

℞. BRVT. IMP. Hache et vase à sacrifice. (N° 1.) B. OR.

39. M. SERVILIVS LEG. Tête laurée de la Liberté, à droite.

℞. Q. CAEPIO BRVTVS IMP. Trophée avec un bouclier et deux javelots. (N° 9.) (Collection d'Amécourt.) F.D.C. OR.

40. M. BRVTVS IMP. COSTA LEG. Sa tête nue, à droite; le tout dans une couronne de chêne.

℞. L. BRVTVS PRIM. COS. Tête nue de Brutus l'Ancien, à droite; le tout dans une couronne de chêne (N° 16.) (Collection de M. le comte Du Chastel.) T.B. OR.

CASSIUS (LONGINUS)

(710-712; av. J.-C., 44-42.)

41. M. AQVINVS LEG. LIBERTAS. Tête diadémée de la Liberté, à droite.

℞. C. CASSI. IMP. Trépied avec la cortine et deux branches de laurier. (N° 1.) B. OR.

42. M. AQVINVS LEG. LIBERTAS. Tête diadémée de la Liberté, à droite.

℞. C. CASSI. PR. COS. Trépied avec la cortine et deux branches de laurier. (N° 2.) T.B. OR.

43. C. CASSI. IMP LEIBERTAS. Tête diadémée de la Liberté, à droite.

℞. LENTVLVS SPINT. Vase à sacrifice et bâton d'augure. (N° 3.) F.D.C. OR.

44. Même légende. Buste diadémé et voilé de la Liberté, à droite.

℞. Même revers. (N° 5.) (Collection d'Amécourt.) T.B. OR.

45. La même médaille, mais d'un coin différent. (N° 5.) T.B. OR.

46. C. CASSI. IMP. Tête laurée de la Liberté, à droite.

℞. M. SERVILIVS LEG. Acrostolium. (N° 8.) (Collection d'Amécourt.) T.B. OR.

DOMITIUS AHENOBARBUS

(714; av. J.-C., 40.)

47. AHENOBAR. Tête nue de Domitius Ahenobarbus, à droite.

℞. CN. DOMITIVS L.F. IMP. Temple à quatre colonnes vu de trois quarts. En haut, NEPT. (714; av. J.-C., 40.) (N° 1.) T.B. OR.

SEXTE POMPÉE, POMPÉE ET CN. POMPÉE FILS

(710-719; av. J.-C., 44-35.)

48. MAG. PIVS IMP. ITER. Tête nue de Sexte Pompée, à droite; le tout dans une couronne de chêne.

℞. PRAEF. CLAS. ET ORÆ MARIT. EX. S.C. Têtes nues du grand Pompée et de Cnéus en regard; à gauche, le bâton d'augure; à droite, un trépied. (716-719; av. J.-C., 38-35.) (N° 1.) T.B. OR.

LÉPIDE

(711-718; av. J.-C., 43-36.)

49. M. LEPIDVS III. VIR. R.P.C. Sa tête nue, à gauche.

℞. L. MVSSIDIVS LONGVS. Corne d'abondance. (711; av. J.-C., 43.) (N° 1.) (Collection d'Amécourt.) T.B. OR.

50. Même légende. Sa tête nue, à droite.

℞. L. REGVLVS IIII. VIR. A.P.F. Vestale debout, à gauche, tenant le simpule et une haste transversale. (711; av. J.-C., 43.) (N° 3.) (Collection d'Amécourt.) B. OR.

MARC-ANTOINE

(711-723; av. J.-C., 43-31.)

51. M. ANTONIVS III. VIR. R.P.C. Sa tête nue, à droite.

℞. L. MVSSIDIVS LONGVS. Corne d'abondance. (711; av. J.-C., 43.) (N° 20.) (Collection d'Amécourt.) T.B. OR.

52. M. ANTONIVS III. VIR. R.P.C. Sa tête nue, à droite.

℞. L. MVSSIDIVS T. F. LONGVS IIII. VIR. A.P.F. Mars casqué debout, à droite, nu, le pied sur un bouclier, tenant une haste et *parazonium*. (711; av. J.-C., 43.) (N° 21.) B. OR.

53. M. ANTONIVS III. VIR R.P.C. Sa tête nue, à droite.

℞. L. REGVLVS IIII. VIR. A.P.F. Antéon à moitié couvert d'une peau de lion, assis, de face, sur un rocher, tenant une haste et appuyé sur un bouclier. (711; av. J.-C., 43.) (N° 25.) T.B. OR.

54. ANT. AVG. III. VIR. R.P.C. Galère prétorienne.

℞. LEG. VI. Aigle légionnaire entre deux enseignes militaires (inconnue à Cohen). (Bab., t. I, p. 201, n° 112, où cette pièce est décrite; trouvée dans les fouilles de San Lazzaro, près de Bologne, en février 1883.) (Collection du prince Hercolani.) Monnaie très rare. B. OR.

55. ANT. (ANT en monogramme) AVG. IMP. III. VR. P.C. Sa tête nue, à droite.

℞. PIETAS COS. (écrit circulairement à l'exergue.) La Piété debout, à gauche, tenant un gouvernail et une corne d'abondance; à ses pieds, une cigogne. (713; av. J.-C., 41.) (N° 76.) T.B. OR.

56. M. ANTONIVS IMP. III. VIR. R.P.C. Sa tête nue, à droite; derrière, le bâton d'augure.

℞. PIETAS COS (écrit dans le champ). La Piété debout, à gauche, tenant un autel allumé et une corne d'abondance sur laquelle sont deux cigognes. (713 ; av. J.-C., 41.) (N° 78.) T.B. OR.

57. M. ANTONIVS III. VIR. R.P.C. Sa tête nue, barbue, à droite.

℞. C. VEIBIVS VAARVS. Deux mains jointes. (716; av. J.-C., 38.) (Page XXVIII, n° 2.) (Collection d'Amécourt.) T.B. OR.

MARC-ANTOINE ET OCTAVE

58. M. ANTONIVS IMP. III. VIR. R.P.C. AVG. Sa tête nue, barbue, à droite.

℞. C. CAESAR IMP. III. VIR. R.P.C. PONT. AVG. Tête nue, barbue, d'Octave, à droite. (711 ; av. J.-C., 43.) (N° 3.) (Collection d'Amécourt.) T.B. OR.

59. ANTONIVS IMP. Sa tête nue, à droite.

℞. CAESAR IMP. Tête nue, barbue, d'Octave, à droite. (Même année.) (N° 5.) (Collection Du Chastel.) F.D.C. OR.

60. M. ANT. IMP. AVG. III. VIR. R.P. C.M. BARBAT. Q.P. Tête nue de Marc-Antoine, à droite.

℞. CAESAR IMP. PONT. III. VIR. R.P.C. Tête nue d'Octave, à droite. (713; av. J.-C., 41.) (N° 7.) OR.

61. M. ANT. IMP. AVG. III. VIR. R.P.C. M.R.A.R.R. AT (sic; pour Barbat) Q. P. Tête nue de Marc-Antoine, à droite.

℞. CAESAR IMP. PONT. III. VIR. R.P.C. (Même date.) (N° 7 var.) OR.

FULVIE

(710-714; av. J.-C., 44-40.)

62. Tête ailée de la Victoire, à droite, sous les traits de Fulvie.

℞. C. NVMONIVS VAALA. Soldat attaquant un retranchement défendu par deux autres soldats. (N° 2.) T.B. OR.

OCTAVIE ET MARC-ANTOINE

(718-720; av. J.-C., 36-34.)

63. M. ANTONIVS M. F. M. N. AVGVR. IMP. TIIRT. Tête nue de Marc-Antoine, à droite.

℞. COS. DISIIG. ITIIR. IIT. TIIR. T. III. VIR. R.P.C. Tête d'Octavie, à droite. (N° 1 var.) T.B. OR.

Monnaie de première rareté. Collection Du Chastel. (Cet aureus faisait autrefois partie du Cabinet Lefroy; publié par Eckhel, *Doct. Num. Vet.*, t. VI, p. 46.)

MARC-ANTOINE FILS ET MARC-ANTOINE

64 M. ANTONIVS M. F.F. Tête nue de Marc-Antoine fils, à droite.

℞. ANTON. AVG. IMP. III. COS. DES. III. III. V. R.P.C. Tête nue de Marc-Antoine, à droite. (719 ou 720; av. J.-C., 35 ou 34.) (N° 1.) Monnaie de première rareté. OR.

65. M. ANTONI. M. F. M. N. AVG. IMP. TERT. Tête nue de Marc-Antoine, à droite.

℞. COS. ITER. ΔESIGN. TERT. III. VIR. R.P.C. Tête nue de Marc-Antoine fils, à droite (720 à 722; av. J.-C., 34 à 32.) (N° 2 var.) Monnaie de première rareté. T.B. OR.

OCTAVE AUGUSTE

(III VIR. 710-725; av. J.-C., 44-29.)

66. DIVI IVLI F. Tête nue d'Octave, barbue, à droite.

℞. TI. SEMPRON. GRACCVS IIII. VIR Q.D. La Fortune debout, à gauche, tenant un gouvernail et une corne d'abondance (711; av. J.-C., 43.) (N° 522.) B. OR.

67. DIVI IVLI F. Tête nue, barbue, d'Octave, à droite.

℞. Q. VOCONIVS VITVLVS. Veau marchant à gauche. (711; av. J.-C., 43.) (N° 546.) (Collection d'Amécourt.) T.B. OR.

68. DIVI F. Tête nue d'Octave, à droite; devant, le bâton d'augure.

℞. Q. VOCONIVS VITVLVS Q. DESIG. S.C. Veau marchant à gauche. (Même date.) (N° 547.) (Collection de Belfort.) B. OR.

69. CAESAR III. VIR. R.P.C. Sa tête nue, à droite.

℞. S.C. Statue équestre d'Octave, à gauche, tenant le bâton d'augure; à l'exergue, une proue de vaisseau. (711-718; av. J.-C., 43-36.) (N° 245.) (Collection d'Amécourt.) T.B. OR.

70. C. CAESAR III. VIR. R.P.C. Tête nue d'Octave, à droite.

℞. L. MVSSIDIVS LONGVS. Corne d'abondance. (Vers 715; av. J.-C., 39.) (N° 467.) T.B. OR.

71. C. CAESAR III. VIR. R.P.C. Tête nue d'Octave, à droite.

℞. C. VEIBIVS VAARVS. Deux mains jointes. (716; av. J.-C., 38.) (N° 540.) T.B. OR.

72. Buste de Diane, à droite, avec arc et carquois.

℞. IMP. CAESAR. Sur la frise d'un temple, dans l'intérieur duquel on voit un trophée; sur le fronton, la triquètre. (719-726; av. J.-C., 35-28.) (N° 121.) T.B. OR.

73. IMP. CAESAR DIVI F. III. VIR. ITER. R.P.C. Sa tête nue, barbue, à droite.

℞. COS. ITER. ET. TER. DESIG. Jules César debout, de face, dans un temple à quatre colonnes, tenant le bâton d'augure; sur la frise, on lit : DIVO IVL; sur le fronton, une étoile; à gauche, un autel allumé. (Vers 722; av. J.-C., 32.) (N° 89.) B. OR.

OCTAVE EMPEREUR

(725-727; av. J.-C., 29-27.)

74. Sans légende. Tête d'Octave, à droite.

℞. CAESAR DIVI F. Victoire dans un bige au galop, à droite, tenant une couronne et une palme. (719-726; av. J.-C., 35-28.) (N° 67.) (Collection du Lord Hastings.) T.B. OR.

75. Sans légende. Tête nue d'Octave, à droite.

℞. CAESAR DIVI F. Octave courant à cheval, à gauche, et levant la main droite. (719-726; av. J.-C., 35-28.) (N° 73.) T.B. OR.

76. Sans légende. Tête nue d'Octave, à gauche.

℞. CAESAR DIVI F. Quadrige, à droite, sur lequel se voit un petit quadrige. (719-726; av. J.-C., 35-28.) (N° 77.) T.B. OR.

77. Même tête, à droite.

℞. IMP. CAESAR. Victoire, de face, debout sur un globe, tenant une couronne et un étendard. (719-726; av. J.-C., 35-28.) (N° 113.) (Collection d'Amécourt.) T.B. OR.

OCTAVE EMPEREUR ET AUGUSTE

(727; 27 av. J.-C. à 767; de J.-C., 14.)

78. CAESAR COS. VII. CIVIBVS SERVATEIS. Tête nue d'Auguste, à droite.

℞. AVGVSTVS. Aigle éployé, de face, regardant à gauche, sur une couronne, entre deux branches de laurier; dans le champ, S.C. (727; av. J.-C., 29.) (N° 30.) (Collection d'Amécourt.) T.B. OR.

79. AVGVSTVS. Sa tête nue, à droite.

℞. ARMENIA CAPTA. Victoire debout, à droite, domptant un taureau. (734; av. J.-C., 20.) (N° 8.) (Collection d'Amécourt.) T.B. OR.

80. CAESARI AVGVSTO. Sa tête laurée, à gauche.

℞. S. P. Q. R. (à l'exergue). Quadrige au pas, à droite, sur lequel on voit une aigle romaine et un petit quadrige lancé. (734; av. J.-C., 20.) (N° 271.) B. OR.

81. TVRPILIANVS III. VIR. Tête de Bacchus, à droite, couronné de lierre.

℞. AVGVSTO OB. C. S. dans une couronne de chêne. (734; av. J.-C. 20.) (N° 476.) OR.

82. TVRPILIANVS III. VIR. FERO. Tête tourelée de la déesse Féronie, à droite.

℞. [CAESAR] AVGVSTVS. Couronne de chêne entre deux branches de palmier, dans laquelle on lit O.C.S. (734; av. J.-C., 20.) (Var. inéd., type du n° 478.) T.B. OR.

83. La même médaille. B. OR.

84. CAESAR AVGVSTVS. Sa tête laurée, à droite.

℞. TVRPILIANVS III VIR. Lyre. (N° 496.) T.B. OR.

85. AVGVSTVS. Sa tête nue, à droite.

℞. SIGNIS RECEPTIS. Capricorne, à droite. (734; av. J.-C., 20.) (N° 263.) T.B. OR.

86. CAESAR AVGVSTVS. Sa tête laurée, à droite.

℞. C. ANTIST. REGIN. FOEDVS P. R. QVM. GABINIS. Deux prêtres voilés, debout, sacrifiant un porc sur un autel allumé. (738; av. J.-C., 16.) (Collection Borghesi.) Monnaie de première rareté. (N° 346.) T.B. OR.

87. S. P. Q. R. IMP. CAESARI. Sa tête nue, à droite.

℞. (QV) OD VIAE MVN. SVN(T). Arc de triomphe sur un pont, entre deux basiliques; l'arc de triomphe est surmonté d'un bige d'éléphants, à droite, dans lequel on voit Auguste couronné par la Victoire. (738; av. J.-C., 16.) (N° 230.) B. OR.

88. S. P. Q. R. CAESARI AVGVSTO. Sa tête nue, à droite.

℞. VOT. P. SVSC. PRO. SAL. ET. RED. I. O. M. SACR. Mars debout, regardant à gauche, nu, un manteau sur le bras, tenant un étendard et un parazonium. (738; av. J.-C., 16.) (N° 324.) (Collection d'Amécourt.) T.B. OR.

89. La même médaille, mais la légende au revers est autrement arrangée. (Même année.) (N° 324 var.) T.B. OR.

90. AVGVSTVS DIVI F. Sa tête nue, à droite.

℞. IMP. X. Deux soldats présentant chacun une branche d'olivier à Auguste, assis, à gauche, sur une estrade. (742; av. J.-C., 12.) (N° 132.) T.B. OR.

91. AVGVSTVS DIVI F. Sa tête nue, à gauche.

℞. IMP. X. Deux soldats présentant chacun une branche d'olivier à Auguste, assis, à droite, sur une estrade. (Même année.) (N° 134.) B. OR.

92. AVGVSTVS DIVI F. Sa tête nue, à droite.

℞. IMP. X. Taureau cornupète, à droite. (Même année.) (N° 136.) T.B. OR.

93. Même légende. Sa tête laurée, à droite.

℞. IMP. XII. Taureau cornupète, à droite. (744; av. J.-C., 10.) (N° 154.) T.B. OR.

94. AVGVSTVS DIVI F. Sa tête nue, à droite.

℞. IMP. XII. Taureau cornupète, à gauche. (744; av. J.-C., 10.) (Type du n° 158. Æ. Inédite en or.) T.B. OR.

95. Même tête et même légende.

℞. IMP. XII SICIL. Diane chasseresse debout, de face, regardant à droite, tenant une haste et un arc; près d'elle, un chien. (Même année.) (N° 169.) T.B. OR.

96. AVGVSTVS DIVI F. Sa tête laurée, à droite.

℞. C. CAES. AVGVS. F. Caïus César à cheval galopant à droite; derrière, deux enseignes militaires et une aigle légionnaire. (Vers 752; av. J.-C., 2.) (N° 39.) T.B. OR.

97. Même médaille. (Même année.) (N° 39.) B. OR.

98. CAESAR AVGVSTVS DIVI F. PATER PATRIAE. Sa tête laurée, à droite.

℞. C. L. CAESARES AVGVSTI F. COS. DESIG. PRINC. IVVENT. Caïus et Lucius debout, tenant chacun une haste et un bouclier; dans le champ, le simpule et le bâton d'augure. (Vers 752; av. J.-C., 2.) (N° 42.) T.B. OR.

99. AVGVSTVS DIVI F. Sa tête laurée, à droite.

℞. TR. POT. XXX. Victoire assise sur un globe, à droite, tenant une couronne. (760; de J.-C., 7.) (N° 317.) T.B. OR. Q.

100. CAESAR AVGVSTVS DIVI F. PATER PATRIAE. Sa tête laurée, à droite.

℞. TI. CAESAR AVG. F. TR. POT. XV. Tibère dans un quadrige, à droite, tenant une branche de laurier et un sceptre surmonté d'un aigle. (766; de J.-C., 13.) (N° 299.) T.B. OR.

Monnaies sans dates certaines.

101. Sans légende. Tête nue d'Auguste, à droite.

℞. AVGVSTVS. Capricorne, à droite, tenant un gouvernail auquel est attaché un globe; sur son dos, une corne d'abondance. (N° 20.) (Collection d'Amécourt.) T.B. OR.

102. Sans légende. Tête laurée d'Auguste, à droite.

℞. CAESAR AVGVSTVS. Au-dessus et au-dessous de deux branches de laurier. (Type de n° 47.) (Inédite en or.) T.B. OR.

103. DIVVS AVGVSTVS. Sa tête radiée, à droite.

℞. PAX. La Paix debout, à gauche, tenant un caducée et trois épis, avec un pavot... (N° 221 var.) Voir Caylus, n° 53. (Monnaie frappée probablement sous Galba.) Médaille très rare. T.B. OR.

104. CAESAR AVGVSTVS. Entre deux branches de laurier.

℞. OB CIVIS SERVATOS. Dans une couronne de chêne. (N° 206.) T.B. OR.

105. AVG—VST. Sa tête nue, à droite.

℞. Sans légende. Victoire debout sur un globe, à droite, tenant une branche de laurier et une enseigne surmontée d'un aigle. (N° 331.) T.B. OR. Q.

106. AVGVSTVS. Sa tête nue, à droite.

℞. Sans légende. Sphinx accroupi, à droite. (N° 333.) OR.

107. CAESAR AVGVSTVS. Sa tête laurée, à droite.

℞. M. DVRMIVS III. VIR. Crabe tenant un papillon. (N° 433.) T.B. OR.

108. CAESAR AVGVSTVS DIVI F. PATER PATRIAE. Sa tête laurée, à droite.

℞. IMP. CAES. TRAIAN. AVG. GER. DAC. P. P. REST. Crocodile, à droite. (N° 575.) Médaille restituée par Trajan. T.B. OR.

AGRIPPA ET AUGUSTE

109. M. AGRIPPA PLATORINVS III. VIR. Tête d'Agrippa, à droite, avec la couronne rostrale et murale.

℞. CAESAR AVGVSTVS. Tête laurée d'Auguste, à droite. (Vers 736; av. J.-C., 18.) (N° 2 var.) T.B. OR.

Belle pièce, malgré quelques légers coups qui ne touchent ni aux types ni aux légendes.

CAIUS CÉSAR

110. CAESAR. Tête nue, très jeune, à droite. Le tout dans une couronne de chêne.

℞. AVGVST. Grand candélabre dans une couronne composée de fleurs, de bucranes et de patères. (N° 1.) (Trouvé à Xanten (Castra Vetera.) T.B. OR.

TIBÈRE

(757-790; de J.-C., 4-37.)

111. TI. CAESAR DIVI AVG. F. AVGVSTVS. Sa tête laurée, à droite.

℞. TR. POT. XVII. IMP. VII. Tibère dans un quadrige, à droite, tenant un sceptre surmonté d'un aigle, et un rameau. (767; de J.-C., 14.) (N° 47.) F.D.C. OR.

112. TI. CAESAR DIVI AVG. F. AVGVSTVS. Sa tête laurée, à droite.

℞. PONTIF. MAXIM. Livie assise, à droite, tenant un sceptre et une fleur. (768; de J.-C., 15.) (N° 15.) F.D.C. OR.

113. TI. CAESAR DIVI AVG. F. AVGVSTVS. Sa tête laurée, à droite.

℞. PONTIF. MAXIM. Livie assise, à droite, tenant un sceptre et une fleur. (768; de J.-C., 15.) (N° 15.) F.D.C. OR.

114. TI. DIVI F. AVGVSTVS. Sa tête laurée, à droite.

℞. TR. POT. XVII. Victoire assise, à droite, sur un globe, tenant un diadème. (768; de J.-C., 15.) (N° 49.) T.B. OR. Q.

115. Même tête et même légende.

℞. TR. POT. XXIIII. Même type. (775; de J.-C., 22.) (N° 52.) F.D.C. OR. Q.

116. Même tête et même légende.

℞. TR. POT. XXV. Même type. (776; de J.-C., 23.) (N° 53.) T.B. OR. Q.

117. La même médaille. T.B. OR. Q.

118. Même tête et même légende.

℞. TR. POT. XXVI. Même type. (777; de J.-C., 24.) (N° 54.) T.B. OR. Q.

119. Même tête et même légende.

℞. TR. POT. XXXI. Même type. (762; de J.-C., 29). (N° 58.) T.B. OR. Q.

120. Même tête et même légende.

℞. TR. POT. XXXIIII. Même type. (783; de J.-C., 30.) (N° 60.) OR. Q.

121. TI. CAESAR DIVI. AVG. F. AVGVSTVS. Même tête.

℞. TR. POT. XXXVIII. Même type. (789; de J.-C., 36.) Inédite. T.B. OR. Q.

TIBÈRE ET AUGUSTE

122. TI. CAESAR DIVI AVG. F. AVGVSTVS. Tête laurée de Tibère, à droite.

℞. DIVOS AVGVST. DIVI F. Tête laurée d'Auguste, à droite; dessus, un astre. (N° 3.) T.B. OR.

123. TI. CAESAR DIVI AVG. F. AVGVSTVS. Tête laurée de Tibère, à droite.

℞. DIVOS AVGVST. DIVI F. Tête nue d'Auguste; à droite, dessus, un astre. (N° 4.) (La tête Auguste de très beau style.) F.D.C. OR.

NÉRON DRUSUS (Frère de Tibère).

124. NERO CLAVDIVS DRVSVS GERMANICVS IMP. Sa tête laurée, à gauche.

℞. DE GERM. Arc de triomphe surmonté de deux trophées, au bas de chacun desquels est un captif; au milieu, la statue équestre de Drusus courant à droite. (N° 1.) T.B. OR.

125. Même légende. Sa tête laurée, à gauche.

℞. DE GERMANIS. Drapeau au milieu de deux boucliers, quatre hastes et deux trompettes. (N° 5.) F.D.C. OR.

ANTONIA (Femme de Néron Drusus).

126. ANTONIA AVGVSTA. Son buste, à droite, couronné d'épis.

℞. CONSTANTIAE AVGVSTI. Cérès debout, de face, regardant à droite, tenant une torche allumée et une corne d'abondance. (N° 1.) T.B. OR.

127. ANTONIA AVGVSTA. Son buste, à droite, couronné d'épis.

℞. SACERDOS DIVI AVGVSTI. Deux torches allumées, réunies par des bandelettes et une guirlande. (N° 4.) T.B. OR.

GERMANICUS ET CALIGULA

128. GERMANICVS CAES. P.C. CAES. AVG. GERM. Tête nue de Germanicus, à droite.

℞. C. CAESAR AVG. GERM. P. M. TR. POT. Tête laurée de Caligula, à droite. (Collection d'Amécourt.) (N° 1.) T.B. OR.

129. GERMANICVS CAES. P.C. CAES. AVG. GERM. Tête nue de Germanicus, à droite.

℞. C. CAESAR AVG. GERM. P.M. TR. POT. Tête nue de Caligula, à droite. (N° 3.) F.D.C. OR.

130. GERMANICVS CAES. P.C. CAES. AVG. GERM. Tête nue de Germanicus, à droite.

℞. C. CAESAR AVG. PON. M. TR. POT. III. COS. III. Tête laurée de Caligula, à droite. (N° 6.) T.B. OR.

AGRIPPINE MÈRE ET CALIGULA

131. AGRIPPINA MAT. C. CAES. AVG. GERM. Buste d'Agrippine, à droite.

℞. C. CAESAR AVG. GERM. P.M. TR. POT. Tête laurée de Caligula, à droite. (790; de J.-C., 37.) (N° 1.) F.D.C. OR.

CALIGULA

(790-794; de J.-C., 37-41.)

132. C. CAESAR AVG. GERM. P. M. TR. POT. Sa tête laurée, à droite.

℞. S. P. Q. R. P. P. OB. C. S. Dans une couronne de chêne. (790; de J.-C., 37.) (N° 18.) T.B. OR.

133. C. CAESAR AVG. GERMANICVS. Sa tête laurée, à droite.

℞. P.M. TR. POT. ITER. Victoire, à droite, assise sur un globe, tenant un diadème. (791 ou 792; de J.-C., 38 ou 39.) (N° 15.) T.B. OR. Q.

134. C. CAESAR AVG. PON. M. TR. POT. III. COS. III. Sa tête laurée, à droite.

℞. S. P. Q. R. OB. C. S. Dans une couronne de chêne. (793; de J.-C., 40.) (N° 20.) B. OR.

CALIGULA ET AUGUSTE

(790-794; de J.-C., 37-41.)

135. C. CAESAR AVG. GERM. P.M. TR. POT. Tète laurée de Caligula, à droite.

℞. DIVVS AVG. PATER PATRIAE. Tête radiée d'Auguste, à droite. (790; de J.-C., 37.) (N° 1.) F.D.C. OR.

136. C. CAESAR AVG. GERM. P. M. TR. POT. COS. Tête nue de Caligula à droite.

℞. Sans légende. Tête radiée d'Auguste, à droite, entre deux étoiles. (Même année.) (N° 10.) T.B. OR.

137. C. CAESAR AVG. PON. M. TR. POT. III. COS. III. Tête laurée de Caligula, à droite.

℞. DIVVS AVG. PATER PATRIAE. Tête radiée d'Auguste, à droite. (793; de J.-C., 40.) (N° 6.) T.B. OR.

CLAUDE Ier

(794-807; de J.-C., 41-54.)

138. TI. CLAVD. CAESAR AVG. P. M. TR. P. Tête de Claude, laurée, à droite.

℞. CONSTANTIAE AVGVSTI. La Constance assise, à gauche, sur une chaise curule, portant la main droite à sa bouche. (794; de J.-C., 41.) (N° 4.) F.D.C. OR.

139. La même médaille, mais d'un style différent; la tête et les lettres sont bien plus grandes. (Même année.) (N° 4.) T.B. OR.

140. TI. CLAVD. CAESAR AVG. P. M. TR. P. Sa tête laurée, à droite.

℞. IMPER. RECEPT. Écrit sur un camp prétorien à la porte duquel est un soldat debout, près d'une enseigne militaire. (794; de J.-C., 41.) (N° 40.) T.B. OR.

141. TI. CLAVD. CAESAR AVG. P. M. TR. P. IIII. Sa tête laurée, à droite.

℞. PRAETOR RECEPT. Claude debout, à droite, donnant la main à un soldat qui tient une enseigne militaire et un bouclier. (797; de J.-C., 44.) (Var. 79. Inéd. or.) T.B. OR.

142. TI. CLAVD. CAESAR AVG. P. M. TR. P. IIII. Sa tête laurée, à droite.

℞. PACI AVGVSTAE. La Paix, avec les emblèmes de Némésis, marchant à droite, et tenant un caducée; elle est précédée par un serpent. (797 ; de J.-C., 44.) (N° 55.) F.D.C. OR.

143. TI. CLAVD. CAESAR AVG. P. M. TR. P. VI. IMP. XI. Sa tête laurée, à droite.

℞. DE BRITANN. Écrit sur un arc de triomphe surmonté d'une statue équestre, à gauche, placée entre deux trophées. (799; de J.-C., 46.) (N° 17.) T.B. OR.

144. TI. CLAVD. CAESAR AVG. P. M. TR. P. VI. IMP. XI. Sa tête laurée, à droite.

℞. S. P. Q. R. P. P. OB. C. S. en trois lignes, dans une couronne de chêne. (799; de J.-C., 46.) (N° 86.) F.D.C. OR.

145. La même médaille. B. OR.

146. TI. CLAVD. CAESAR AVG. P. M. TR. P. VIIII. IMP. XVI. Sa tête laurée, à droite.

℞. S. P. Q. R. P. P. OB. C. S. Dans une couronne de chêne. (802; de J.-C., 49.) (N° 88.) F.D.C. OR.

147. DIVVS CLAVDIVS AVGVSTVS. Sa tête laurée, à gauche.

℞. EX. S.C. Carpentum, à droite, attelé de quatre chevaux; sur le char on voit deux Victoires, un quadrige et des bas-reliefs. (Médaille frappée sous Néron.) (N° 31.) B. OR.

CLAUDE ET NÉRON

148. TI. CLAVD. CAESAR AVG. GERM. P. M. TRIB. POT. P. P. Tête laurée de Claude, à droite.

℞. NERO CLAVD. CAES. DRVSVS GERM. PRINC. IVVENT. Buste jeune de Néron drapé, à gauche. (794; de J.-C., 41.) (N° 4 var.) F.D.C. OR.

AGRIPPINE JEUNE ET CLAUDE

149. AGRIPPINAE AVGVSTAE. Buste d'Agrippine, à droite, couronné d'épis.

℞. TI. CLAVD. CAESAR AVG. GERM. P. M. TRIB. POT. P. P. Tête laurée de Claude, à droite. (N° 3.) T.B. OR.

150. La même médaille. B. OR.

AGRIPPINE JEUNE ET NÉRON

151. NERO CLAVD. DIVI F. CAES. AVG. GERM. IMP. TR. P. COS. Tête nue de Néron et buste d'Agrippine accolés, à droite.

℞. AGRIPP. AVG. DIVI CLAVD. NERONIS CAES. MATER EX. S. C. Auguste? et Livie? dans un quadrige d'éléphants, à gauche. Auguste tient un sceptre surmonté d'un aigle et Livie un sceptre. (N° 3.) T.B. OR.

152. AGRIPP. AVG. DIVI CLAVD. NERONIS CAES. MATER. Buste d'Agrippine et tête nue de Néron, en regard.

℞. NERONI CLAVD. DIVI F. CAES. AVG. GERM. IMP. TR. P. Couronne de chêne dans laquelle on lit : EX. S. C. (N° 6.) T.B. OR.

153. La même médaille, mais avec un grain de blé?; derrière, la tête de Néron. (N° 6 var.) T.B. OR.

NÉRON, CÉSAR

(803-807; de J.-C., 50-54.)

154. NERONI CLAVDIO DRVSO GERM. COS. DESIGN. Son buste jeune, nu-tête et drapé, à droite.

℞. EQVESTER ORDO PRINCIPI IVVENT. Sur un bouclier derrière lequel est une haste. (804; de J.-C., 51.) (N° 96.) T.B. OR.

155. NERO CLAVD. CAES. DRVSVS GERM. PRIN. IVVENT. Son buste jeune, nu-tête et drapé, à gauche.

℞. SACERD. COOPT. IN. OMN. CONL. SVPRA. NVM. EX S.C. Simpule sur un trépied et bâton d'augure sur un patère. (Même année.) (N° 311.) F.D.C. OR.

NÉRON EMPEREUR

(807-821; de J.-C., 54-68.)

156. NERO CAESAR AVG. IMP. Tête de Néron nue, à droite.

℞. PONTIF. MAX. TR. P. V. P. P. Autour d'une couronne de chêne dans laquelle on lit EX. S. C. (811; de J.-C., 58.) (N° 210.) T.B. OR.

157. NERO CAESAR AVG. IMP. Sa tête nue, à droite.

℞. PONTIF. MAX. TR. P. VI. COS. IIII. P. P. Même type. (813; de J.-C., 60.) (N° 213.) T.B. OR.

158. NERO CAESAR AVG. IMP. Sa tête nue, à droite.

℞. PONTIF. MAX. TR. P. VII. COS. IIII. P. P., et, dans le champ, EX S. C. Cérès debout, à gauche, tenant deux épis avec un pavot et un flambeau. (813; de J.-C., 60.) (N° 217.) F.D.C. OR.

159. NERO CAESAR AVG. IMP. Sa tête nue, à droite.

℞. PONTIF. MAX. TR. P. VII. COS. IIII. P. P.; dans le champ, EX S.C. Rome debout, à droite, en habit militaire, le pied sur une tête casquée et tenant un bouclier; à terre, des boucliers et une épée. (813; de J.-C., 60.) (N° 221.) F.D.C. OR.

Monnaies sans dates certaines.

160. NERO CAESAR. Sa tête laurée, à droite.

℞. AVGVSTVS GERMANICVS. Néron radié, debout, de face, tenant une branche de laurier et une Victoire. (N° 44.) T.B. OR.

161. NERO CAESAR AVGVSTVS. Sa tête laurée, à droite.

℞. IANVM CLVSIT PACE P. R. TERRA MARIQ. PARTA. Le temple de Janus fermé. (N° 114.) (Collection d'Amécourt.) T.B. OR.

162. IMP. NERO CAESAR AVGVSTVS. Sa tête laurée, à droite.

℞. IVPPITER CVSTOS. Jupiter assis, à gauche, tenant un foudre et un sceptre. (N° 120.) T.B. OR.

163. NERO CAESAR AVGVSTVS. Sa tête laurée, à droite.

℞. SALVS. (à l'exergue). La Santé assise, à gauche, tenant une patère. (N° 313.) T.B. OR.

164. IMP. NERO CAESAR AVGVSTVS. Sa tête laurée, à droite.

℞. SALVS (à l'exergue). La Santé assise, à gauche, tenant une patère. (N° 317.) T.B. OR.

INTERRÈGNE

(821; de J.-C., 68.)

165. BON. EVENT. Tête diadémée de Bonus Eventus, à droite.

℞. ROM. RENASC. Rome en habit militaire, debout, à droite, tenant une haste transversale surmontée d'un aigle et une petite Victoire. (Galba, n° 397 var.) (Collection d'Amécourt.) F.D.C. OR.

166. MARS VLTOR. Tête casquée de Mars, à droite.

℞. SIGNA P. R. Aigle romaine avec une couronne de perles dans son bec, entre deux enseignes militaires et un autel allumé. (Galba, n° 405.) (Collection d'Amécourt.) T.B. OR.

GALBA

(821-822; de J.-C., 68-69.)

167. SER. GALBA IMP. CAESAR AVG. P. M. TR. P. Sa tête laurée, à droite.

℞. CONCORDIA PROVINCIARVM. La Concorde debout, à gauche, tenant une branche d'olivier et une corne d'abondance. (Type de la Paix.) (N° 37.) B. OR.

168. IMP. SER. GALBA CAESAR AVG. Sa tête laurée, à droite.

℞. DIVA AVGVSTA. Livie debout, à gauche, tenant une patère et un sceptre. (N° 54.) T.B. OR.

169. IMP. GALBA CAESAR AVG. P. P. Sa tête laurée, à droite.

℞. FORTVNA AVG. La Fortune debout, à gauche, tenant un gouvernail et une corne d'abondance. (N° 71.) B. OR.

170. IMP. SER. GALBA CAESAR AVG. P. M. Sa tête laurée, à droite.

℞. IMP. (à l'exergue). Galba à cheval, à droite, levant la main droite. (N° 96.) B. OR.

171. IMP. SER. GALBA CAESAR AVG. Son buste lauré et légèrement drapé, à droite.

℞. SALVS GEN. HVMANI. Femme debout, à gauche, le pied posé sur un globe, tenant un gouvernail et sacrifiant sur un autel allumé. (N° 235.) B. OR.

172. IMP. SER. GALBA AVG. Sa tête nue, à droite.

℞. S. P. Q. R. OB. C. S. dans une couronne de chêne. (N° 286.) T.B. OR.

173. SER. GALBA IMP. CAESAR AVG. P. M. TR. P. Sa tête laurée, à droite; dessous, un globe.

℞. VIRTVS. (à gauche). Rome? debout, à gauche, en habit militaire, tenant une Victoire et un parazonium. (N° 338.) B. OR.

OTHON

(822; de J.-C., 69.)

174. IMP. OTHO CAESAR AVG. TR. P. Sa tête nue, à droite.

℞. PAX ORBIS TERRARVM. La Paix debout, à gauche, tenant une branche d'olivier et un caducée. (N° 2 var.) (Collection d'Amécourt.) T.B. OR.

175. IMP. OTHO CAESAR AVG. TR. P. Sa tête nue, à droite.

℞. PONT. MAX. L'Équité debout, à gauche, tenant une balance et un sceptre. (Type de n° 9. Inéd. en OR.) B. OR.

176. IMP. OTHO CAESAR AVG. TR. P. Sa tête nue, à droite.

℞. SECVRITAS P. R. La Sécurité debout, à gauche, tenant une couronne et un sceptre. (N° 14.) T.B. OR.

177. IMP. M. OTHO CAESAR AVG. TR. P. Sa tête nue, à droite.

℞. SECVRITAS P. R. La Sécurité debout, à gauche, tenant une couronne et un sceptre. (N° 16 d'après Caylus.) T.B. OR.

VITELLIUS

(822; de J.-C., 69.)

178. A. VITELLIVS GERM. IMP. AVG. TR. P. Sa tête laurée, à droite.

℞. L. VITELLIVS COS. III. CENSOR. Vitellius père assis, à gauche, tenant un sceptre surmonté d'un aigle. (N° 54.) F.D.C. OR.

179. A. VITELLIVS GERMAN. IMP. TR. P. Sa tête laurée, à droite.

℞. S. P. Q. R. OB. C.S. dans une couronne de chêne. (N° 85.) T.B. OR.

180. A. VITELLIVS IMP. GERMAN. Sa tête laurée, à droite.

℞. VESTA P. R. QVIRITIVM. Vesta assise, à gauche, tenant une patère et une torche. (N° 89.) B. OR.

181. A. VITELLIVS IMP. GERMANICVS. Sa tête laurée, à gauche; dessous, un globe.

℞. VICTORIA IMP. GERMANICI. Victoire, à gauche, debout sur un globe. (N° 106, d'après Wiczay.) B. OR.

182. A. VITELLIVS IMP. GERMANICVS. Sa tête laurée, à gauche; dessous, un globe.

℞. VICTORIA IMP. GERMAN. Victoire casquée, debout, à gauche, sur un globe, tenant une couronne et une palme. (106 var.) (Collection d'Amécourt.) T.B. OR.

183. A. VITELLIVS GERM. IMP. AVG. TR. P. Sa tête laurée, à droite.

℞. XV. VIR. SACR. FAC. Trépied; dessus, un dauphin; dans l'intérieur, un corbeau. (N° 110.) F.D.C. OR.

VITELLIUS PÈRE

(LUCIUS VITELLIUS)

184. L. VITELLIVS COS. III. CENSOR. Buste lauré et drapé de Vitellius père, à droite; devant, un sceptre surmonté d'un aigle.

℞. A. VITELLIVS GERM. IMP. AVG. TR. P. Tête laurée de Vitellius, à droite. (Type de n° 2. Inéd. en OR.) T.B. OR.

VESPASIEN

(822-832; de J.-C., 69-79.)

185. IMP. CAESAR VESPASIANVS AVG. TR. P. Sa tête laurée, à droite.

℞. COS. ITER. FORT. RED. La Fortune debout, à gauche, tenant une proue et une corne d'abondance. (823; de J.-C., 70.) (N° 81.) T.B. OR.

186. IMP. CAESAR VESPASIANVS AVG. Sa tête laurée, à droite.

℞. COS. ITER. TR. POT. L'Équité debout, à gauche, tenant une balance et un sceptre. (823; de J.-C., 70.) (Inédite.) T.B. OR.

187. IMP. CAES. VESPASIAN. AVG. P. M. TR. P. P. COS. III. Sa tête laurée, à droite.

℞. PACI AVGVSTI. Némésis marchant à droite et tenant un caducée; à ses pieds, un serpent. (824; de J.-C., 71.) (N° 283.) F.D.C. OR.

188. IMP. CAES. VESPAS. AVG. P. M. TR. P. IIII. P. P. COS. IIII. Sa tête laurée, à droite.

℞. DE. IVDAEIS. Trophée. (825 ou 826; de J.-C., 72 ou 73.) (N° 139.) T.B. OR.

189. IMP. VESPAS. AVG. P. M. TRI. P. P. P. COS. IIII. Son buste lauré et drapé, à gauche.

℞. PAX AVGVSTI. La Paix debout, à droite, tenant un sceptre; relevant l'Arménie tourelée, à genoux. (Frappée en Asie, en 825 ou 826; de J.-C., 72 ou 73.) (N° 322, var. inédite.) T.B. OR.

190. IMP. CAES. VESP. AVG. P. M. COS. IIII. CEN. Même tête.

℞. VESTA. Temple rond à quatre colonnes; au milieu et de chaque côté, une statue. (Même date.) (N° 582.) T.B. OR.

191. IMP. CAES. VESP. AVG. P. M. COS. IIII. Sa tête laurée, à droite.

℞. VIC. AVG. (à travers le champ.) Victoire, à droite, debout sur un globe, tenant une couronne et une palme. (Même date.) (N° 586.) F.D.C. OR.

192. IMP. CAESAR VESPASIANVS AVG. Même tête.

℞. COS. VI. Taureau cornupète, à droite. (828; de J.-C., 75.) (N° 112 var.) F.D.C. OR.

193. IMP. CAESAR VESPASIANVS AVG. Sa tête laurée, à droite.

℞. COS. VII. Vache marchant à droite. (829; de J.-C., 76.) (N° 117.) F.D.C. OR.

194. Même légende. Sa tête laurée, à gauche.

℞. COS. VIII. Vespasien debout, à gauche, en habit militaire, tenant un sceptre et un rouleau (parazonium?) et couronné par la Victoire. (830-831; de J.-C., 77-78.) (N° 131.) F.D.C. OR.

195. IMP. CAESAR VESPASIANVS AVG. Sa tête laurée, à droite.

℞. CAESARES VESP. AVG. FILI. Titus et Domitien debout, tenant chacun une patère et un rouleau. (N° 52.) F.D.C. OR.

196. IMP. CAESAR VESPASIANVS AVG. Sa tête laurée, à droite.

℞. FORTVNA AVGVSTI. La Fortune debout, à gauche, sur un autel orné de guirlandes, tenant un gouvernail et une corne d'abondance. (N° 172.) T.B. OR.

Monnaies sans dates certaines.

197. IMP. CAESAR VESPASIANVS AVG. Sa tête laurée, à droite.

℞. IVDAEA. La Judée assise, à droite, pleurant au pied d'un trophée. (N° 225.) B. OR.

198. IMP. CAESAR VESPASIANVS AVG. Même tête.

℞. PAX AVGVST. La Paix assise, à gauche, tenant une branche d'olivier et un sceptre. (N° 319.) (Collection d'Amécourt.) F.D.C. OR.

199. IMP. CAESAR VESPASIANVS AVG. TR. P. Sa tête laurée, à droite.

℞. TRIVMP. AVG. Vespasien dans un quadrige, à droite, tenant une branche de laurier et couronné par la Victoire; en avant, un soldat tenant une haste et un captif nu, les mains liées derrière le dos; au second plan, derrière les chevaux, un joueur de flûte (la Renommée?) (N° 567.) (Collection d'Amécourt.) T.B. OR.

200. DIVVS AVGVSTVS VESPASIANVS. Sa tête laurée, à droite.

℞. EX (dans le champ) S.C. sur un bouclier placé sur une colonne funéraire surmontée d'un vase; de chaque côté, une branche de laurier. (Frappée après sa mort.) (N° 148.) T.B. OR.

VESPASIEN, TITUS ET DOMITIEN

201. IMP. VESPA. AVG. P.M. TRI. P. II. COS. IIII. Tête laurée de Vespasien, à gauche.

℞. CAE. DVM. (*sic*) ET. TI. CAES. IMP. VESPAS. Têtes nues en regard de Titus et Domitien. (824 ou 825; de J.-C., 71 ou 72.) (N° 8.) B. OR.

DOMITILLE ET VESPASIEN

202. DIVA DOMITILLA AVGVSTA. Buste de Domitille, à droite.

℞. DIVVS AVGVSTVS VESPASIANVS. Tête radiée de Vespasien, à droite. (N° 1.) T.B. OR.

TITUS CÉSAR

(822-824; de J.-C., 69-71.)

203. T. CAESAR VESPASIANVS. Sa tête laurée, à droite.

℞. ANNONA AVG. L'Abondance assise à gauche, accoudée à son siège et relevant de la main droite la draperie de sa robe. (N° 16.) (Collection d'Amécourt.) F.D.C. OR.

TITUS ASSOCIÉ A L'EMPIRE

(824-832; de J.-C., 71-79.)

204. T. CAESAR IMP. VESPASIAN. Sa tête laurée, à droite.

℞. COS. IIII. Taureau cornupète, à droite. (828; de J.-C., 75.) (N° 48.) (Collection d'Amécourt.) F.D.C. OR.

205. Même tête et même légende.

℞. PONTIF. TR. P. COS. IIII. Victoire tenant une couronne et une palme, debout, à gauche, sur un autel entouré de deux serpents. (Même année.) (N° 163.) F.D.C. OR.

206. T. CAESAR IMP. VESPASIANVS. Sa tête laurée, à droite.

℞. COS. VI. (à l'exergue.) Rome assise, à droite, sur des boucliers, tenant une haste; à droite et à gauche, un oiseau volant; à ses pieds, un casque et Romulus et Remus allaités par la louve. (830-831; de J.-C., 77-78.) (N° 64 var.) F.D.C. OR.

207. IMPERATOR T. CAESAR AVGVSTI F. Sa tête laurée, à droite.

℞. CONCORDIA AVG. La Concorde assise, à gauche, tenant deux épis avec un pavot et une corne d'abondance; à l'exergue, EPHE. (PHE liés). Frappée à Éphèse. (N° 38 var.) (Collection d'Amécourt.) F.D.C. OR.

208. T. CAES. IMP. VESP. PON. TR. POT. Sa tête laurée, à droite.

℞. Sans légende. Titus dans un quadrige, à droite, tenant un rameau et un sceptre. (N° 393.) T.B. OR.

209. T. CAESAR IMP. VESPASIAN. Sa tête laurée, à droite.

℞. AETERNITAS. L'Éternité voilée debout, à gauche, tenant les têtes du Soleil et de la Lune; à ses pieds, un autel. (N° 13.) F.D.C. OR.

210. T. CAESAR IMP. VESP. Sa tête laurée, à droite.

℞. PONTIF. TR. POT. La Fortune debout, à gauche, sur un autel ou un cippe, entouré de guirlandes, tenant une corne d'abondance et un gouvernail. (N° 165 var.) B. OR.

TITUS EMPEREUR ET AUGUSTE

(832-834; de J.-C., 79-81.)

211. IMP. TITVS CAES. VESPASIAN. AVG. P.M. Sa tête laurée, à droite.

℞. TR. P. VIIII. IMP. XIIII. COS. VII. Vénus debout, à droite, vue de dos, appuyée sur une colonne, et tenant un casque et une haste. (832; de J.-C., 79.) (N° 283 var.) F.D.C. OR.

212. IMP. TITVS CAES. VESPASIAN. AVG. P.M. Sa tête laurée, à gauche.

℞. TR. P. VIII. IMP. XV. COS. VII. P.P. Même type que la précédente. (Même année.) (N° 285.) F.D.C. OR.

213. IMP. TITVS CAES. VESPASIAN. AVG. P.M. Sa tête laurée, à droite.

℞. TR. P. VIIII. IMP. XV. COS. VII P.P. Figure radiée tenant une haste, debout sur une colonne rostrale. (Même année.) (N° 288.) B. OR.

214. IMP. TITVS CAES. VESPASIAN. AVG. P. M. Sa tête laurée, à gauche.

℞. TR. P. IX. IMP. XV. COS. VIII. P. P. Trophée au pied duquel sont une femme assise, à gauche, dans l'attitude de la tristesse et un homme assis, les mains liées derrière le dos. (833; de J.-C., 80.) (307 inéd. OR.) (Collection d'Amécourt). F.D.C. OR.

215. Même légende. Sa tété laurée, à gauche.

℞. TR. P. IX. IMP. XV. COS. VIII. P. P. Foudre ailé sur un trône. (Même année.) (N° 315 var. OR.) (Collection d'Amécourt.) T.B. OR.

216. IMP. TITVS CAES. VESPASIAN. AVG. P.M. Sa tête laurée, à droite.

℞. TR. P. IX. IMP. XV. COS. VIII. P. P. Chaise curule sur laquelle est une couronne. (833; de J.-C., 80.) (N° 317.) T.B. OR.

217. DIVVS TITVS. Sa tête laurée, à gauche.

℞. IMP. CAES. TRAIAN. AVG. GER. DAC. P. P. REST. Chaise curule (ou trône) surmontée d'un foudre ailé (N° 403.) (Restituée par Trajan.) T.B. OR.

JULIE, FILLE DE TITUS

218. IVLIA AVGVSTA. Son buste, à gauche, avec la queue tombante.

℞. DIVI TITI FILIA. Paon, de face, faisant la roue. (N° 8.) (Médaille d'un style magnifique). T.T.B. OR.

JULIE ET TITUS

219. IVLIA AVGVSTA DIVI. TITI. F. Son buste, à droite.

℞. DIVVS TITVS AVGVSTVS. Sa tête radiée, à droite. (N° 1.) T.B. OR.

220. IVLIA AVGVSTA DIVI TITI F. Son buste, à gauche.

℞. DIVS TITVS AVGVSTVS. Sa tête laurée, à gauche. (N° 2 inédite en or.) Pièce d'un style magnifique. F.D.C. OR.

DOMITIEN CÉSAR

(822-832; de J.-C., 69-79.)

221. CAES. AVG. F. DOMIT. COS. II. Sa tête laurée, barbue, à droite.

℞. Sans légende. Domitien à cheval, à gauche, levant la main droite et tenant un sceptre surmonté d'une tête humaine? (286; de J.-C., 73.) (N° 663.) T.B. OR.

222. CAES. AVG. F. DOMIT. COS. III. Même tête.

℞. PRINCEPS IVVENTVT. L'Espérance debout, à gauche, tenant une fleur et relevant sa robe. (827; de J.-C., 74.) (N° 374.) T.B. OR.

223. CAESAR AVG. F. DOMITIANVS. Même tête.

℞. COS. IIII. Corne d'abondance remplie de fruits. (828; de J.-C., 75.) (N° 46.) T.B. OR.

224. Même tête et même légende.

℞. COS. V. Sarmate à genoux, à droite, présentant une enseigne militaire. (829; de J.-C., 76.) (N° 48.) T.B. OR.

225. Même tête et même légende.

℞. COS. V. La louve, à gauche, allaitant Romulus et Remus : dessous, une nacelle. (Même année). (N° 50.) F.D.C. OR.

DOMITIEN ASSOCIÉ A L'EMPIRE

(832-834; de J.-C., 79-81.)

226. CAESAR DIVI F. DOMITIANVS COS. VII. Sa tête laurée, à droite.

℞. PRINCEPS IVVENTVTIS. Autel allumé, entouré de guirlandes. (833; de J.-C., 80.) (N° 396 var.) F.D.C. OR.

DOMITIEN EMPEREUR

(834-849; de J.-C., 81-96.)

227. IMP. CAES. DOMITIANVS AVG. P. M. Sa tête laurée, à droite.

℞. IVPPITER CONSERVATOR. Aigle, de face, éployé sur un foudre. (834; de J.-C., 81.) (N° 319.) F.D.C. OR.

228. IMP. CAES. DOMITIANVS AVG. P. M. Sa tête laurée, à droite.

℞. TR. P. COS. VII. DES. VIII. P. P. Deux chaises curules avec une couronne de laurier. (Même année.) (N° 571.) F.D.C. OR.

229. IMP. CAES. DOMITIANVS AVG. P. M. Sa tête laurée, à droite.

℞. TR. POT. IMP. II. COS. VIII. DES. VIIII. P. P. Buste casqué de Pallas, à gauche, avec l'égide sur la poitrine, tenant un sceptre. (835; de J.-C., 82.) (N° 607.) T.B. OR.

230. IMP. CAES. DOMITIANVS AVG. P. M. Sa tête laurée, à droite.

℞. TR. POT. IMP. II. COS. VIII. DES. IX. P. P. Buste casqué de Pallas, à gauche, avec l'égide sur la poitrine. (835; de J.-C., 32.) (N° 609 var.) F.D.C. OR.

231. IMP. CAES. DOMITIANVS AVG. P. M. Sa tête laurée, à droite.

℞. TR. POT. II. COS. VIIII. DES. X. P.P. Pallas debout, à droite, lançant un javelot et tenant un bouclier. (836; de J.-C., 83.) (N° 605 var. inédite.) T.B. OR.

232. IMP. CAES. DIVI. VESP. F. DOMITIAN. AVG. Son buste lauré et drapé, à gauche.

℞. GERMANICVS COS. X. Esclave germaine en pleurs, assise, à droite, sur un bouclier; dessous, une haste brisée (837; de J.-C., 84.) (Inédite.) F.D.C. OR.

233. IMP. CAES. DOMITIANVS AVG. GERMANIC. Son buste lauré, à droite, avec l'égide.

℞. P.M. TR. POT. III. IMP. V. COS. X. P.P. Pallas debout, à gauche, tenant une haste. (837; de J.-C., 84.) (Inédite.) T.B. OR.

234. IMP. CAES. DOMITIANVS AVG. GERMANIC. Son buste lauré et drapé, à gauche.

℞. P. M. TR. POT. III. IMP. V. COS. X. P.P. Buste casqué de Pallas, à droite. (837; de J.-C., 84.) (Inédite.) B. OR.

235. IMP. CAES. DOMITIAN. AVG. GERMANICVS. Sa tête laurée, à droite.

℞. P. M. TR. POT. III. IMP. V. COS. X. P.P. Pallas debout, à droite, sur un vaisseau, lançant un javelot et tenant un bouclier; à ses pieds, une chouette. (837; de J.-C., 84.) (N° 356, var. inéd. en or.) B. OR.

236. IMP. CAES. DOMITIANVS AVG. GERMANIC. Son buste lauré, avec l'égide, à droite.

℞. P.M. TR. POT. III. IMP. V. COS. X. P.P. Aigle éployé, à gauche, sur un foudre. (837; de J.-C., 84.) (N° 358 var.) Très beau style. F.D.C. OR.

237. IMP. CAES. DOMIT. AVG. GERM. P.M. TR. P. V. Son buste lauré, à droite.

℞. IMP. XI. COS. XII. CENS. P.P.P. Pallas debout, à droite, sur un vaisseau, lançant un javelot et tenant un bouclier; à ses pieds, une chouette. (839; de J.-C., 86.) (N° 195.) F.D.C. OR.

238. DOMITIANVS AVGVSTVS. Sa tête laurée, à droite.

℞. GERMANICVS COS. XIIII. Même type. (841 ou 842; de J.-C., 88 ou 89.) (144 var.) T.B. OR.

239. DOMITIANVS AVGVSTVS. Sa tête laurée, à droite.

℞. GERMANICVS COS. XIIII. Domitien dans un quadrige, à gauche, tenant une branche de laurier et un sceptre. (841-42; de J.-C., 88-89.) (N° 146.) Beau style. T.B. OR.

240. Même tête et même légende.

℞. GERMANICVS COS. XV. Pallas casquée debout, à gauche, tenant une haste. (843-44; de J.-C., 90-91.) (N° 150.) F.D.C. OR.

241. DOMITIANVS AVGVSTVS. Sa tête laurée, à droite.

℞. GERMANICVS COS. XV. Pallas debout, à droite, sur un vaisseau, lançant un javelot et tenant un bouclier; à ses pieds, une chouette (844; de J.-C., 91.) (N° 153.) F.D.C. OR.

242. DOMITIANVS AVGVSTVS. Sa tête laurée, à droite.

℞. GERMANICVS COS. XV. Esclave germaine en pleurs, assise, à droite, sur un bouclier; dessous, une haste brisée. (833 ou 834; de J.-C., 90 ou 91.) (N° 156.) T.B. OR.

DOMITIA

243. DOMITIA AVGVSTA IMP. DOMIT. Son buste, à droite, avec la queue.

℞. CONCORDIA AVGVST. Paon, à droite. (N° 1 var.) F.D.C. OR.

244. DOMITIA AVGVSTA IMP. DOMITIANI. Son buste, à droite, avec la queue.

℞. CONCORDIA AVGVST. Paon, à droite. (Type de n° 3, inédite en or.) T.B. OR.

245. DOMITIA AVG. IMP. DOMITIAN. AVG. GERM. Son buste, à droite, avec la queue.

℞. CONCORDIA AVGVST. Paon, à droite. (N° 4). T.B. OR.

246. DOMITIA AVGVSTA IMP. DOMIT. Son buste, à droite, avec la queue.

℞. DIVVS CAESAR IMP. DOMITIANI. F. Enfant nu, assis sur un globe, de face, levant les deux bras et entouré de sept étoiles. (N° 10.) T.B. Or.

DOMITIA ET DOMITIEN

247. DOMITIA AVGVSTA IMP. DOMIT. Buste drapé de Domitia, à droite.

℞. IMP. CAES. DOMITIANVS AVG. P. M. Tête laurée de Domitien, à droite. (834; de J.-C., 81.) (N° 3.) F.D.C. Or.

NERVA

(849-851; de J.-C., 96-98.)

248. IMP. NERVA CAES. AUG. P. M. TR. P. COS. III. P. P. Sa tête laurée, à droite.

℞. CONCORDIA EXERCITVM. Deux mains jointes tenant une aigle légionnaire posée sur une proue. (850; de J.-C., 97.) (N° 28.) T.B. OR.

249. IMP. NERVA CAES. AVG. P. M. TR. POT. Sa tête laurée, à droite.

℞. COS. III. PATER PATRIAE. Simpule, aspersoir, vase à sacrifice et bâton d'augure. (850; de J.-C., 97.) (N° 47.) F.D.C. OR.

250. IMP. NERVA CAES. AVG. P. M. TR. POT. Sa tête laurée, à droite.

℞. COS. III. P. P. Simpule, aspersoir, vase à sacrifice et bâton d'augure. (Même année.) (Type de n° 52, inédite en or.) T.B. OR.

251. IMP. NERVA CAES. AVG. P. M. TR. P. COS. III. P. P. Même tête.

℞. FORTVNA P. R. La Fortune assise, à gauche, tenant deux épis? et un sceptre. (Même année.) (N° 78.) T.B. OR.

252. IMP. NERVA CAES. AVG. P. M. TR. P. COS. III. P. P. Sa tête laurée, à droite.

℞. SALVS PVBLICA. La Santé assise, à gauche, tenant des épis. (Même année.) (N° 133.) F.D.C. OR.

TRAJAN

(851-870; de J.-C., 98-117.)

253. IMP. CAES. NERVA TRAIAN. AVG. GERM. Sa tête laurée, à droite.

℞. PONT. MAX. TR. POT. COS. II. La Fortune, debout, à gauche, tenant un gouvernail posé sur une proue et une corne d'abondance. (851; de J.-C., 98.) (N° 300.) F.D.C. OR.

254. IMP. CAES. NERVA TRAIAN. AVG. GERM. Sa tête laurée, à droite.

℞. PONT. MAX. TR. POT. COS. II. La Germanie assise, à gauche, sur des boucliers germains, tenant une branche d'olivier. (851; de J.-C., 98.) (N° 290.) (Collection d'Amécourt.) T.B. OR.

255. IMP. CAES. NERVA TRAIAN. AVG. GERM. Sa tête laurée, à droite.

℞. P. M. TR. P. COS. IIII. P. P. Hercule nu, debout, de face, sur un autel, tenant une massue et une peau de lion. (854 ou 855; de J.-C., 101 ou 102.) (N° 231.) F.D.C. OR.

256. Même légende. Son buste lauré et drapé, à droite.

℞. P. M. TR. P. COS. IIII. P. P. Homme nu, debout, à gauche, armé d'une haste, le manteau sur le bras gauche, érigeant un trophée placé sur un Dace, sur les jambes duquel il pose le pied. (Même date.) (N° 254 var.) (Collection d'Amécourt.) T.B. OR.

257. IMP. TRAIANO AVG. GER. DAC. P. M. TR. P. Son buste lauré, drapé et cuirassé, à droite.

℞. REST. ITAL (à l'exergue). COS. V. P. P. S. P. Q. R. OPTIMO. PRINC. (à l'entour). Trajan debout, à gauche, relevant l'Italie agenouillée, qui tient un globe, et tenant lui-même un rouleau; au milieu, un enfant. (857-863; de J.-C., 104, 110.) (N° 326 var.) T.B. OR.

258. IMP. TRAIANO AVG. GER. DAC. P. M. TR. P. COS. V. PP. Son buste lauré, drapé et cuirassé, à droite.

℞. S. P. Q. R. OPTIMO PRINCIPI. Trajan dans un quadrige, au pas, à gauche, tenant une couronne et un sceptre. (857-863; de J.-C., 104-110.) (N° 493.) T.B. OR.

259. Même légende. Son buste lauré, légèrement drapé, à droite.

℞. S. P. Q. R. OPTIMO PRINCIPI. Soldat debout, tenant une haste et présentant à Trajan, debout, un Dace qui s'agenouille devant lui. (Même date.) (N° 528.) (Collection d'Amécourt.) T.B. OR.

260. IMP. TRAIANVS AVG. GER. DAC. P. M. TR. P. COS. VI. PP. Son buste lauré, drapé et cuirassé, à droite.

℞. FORVM TRAIAN. Édifice à six colonnes de face et deux de côté avec une grande porte au milieu; sur la plate-forme, on voit, au milieu, un char à six chevaux, conduit par deux soldats? ou Victoires debout, dans lequel est Trajan tenant une branche de laurier et couronné par la Victoire; de chaque côté du char, un trophée et une Victoire. Les six colonnes de face sont séparées par quatre niches renfermant chacune une statue debout; au-dessous de chaque niche, un médaillon, et un cinquième médaillon au-dessus de la grande porte. (867? de J.-C., 114?) (N° 168.) F.D.C. OR.

261. IMP. CAES. NER. TRAIAN. OPTIM. AVG. GERM. DAC. Son buste lauré, drapé et cuirassé, à droite.

℞. PARTHICO P. M. TR. P. COS. VI. P. P. S. P. Q. R. Buste radié du Soleil, à droite. (869; de J.-C., 116.) (N° 187.) F.D.C. OR.

262. IMP. CAES. NER. TRAIANO OPTIM. AVG. GERM. DAC. Son buste lauré, avec l'égide, à droite.

℞. PARTHICO P. M. TR. P. COS. VI. P. P. S. P. Q. R. Buste radié du Soleil, à droite. (869 ; de J.-C., 116.) (N° 187 var.) T.B. OR.

263. IMP. CAES. NER. TRAIAN. OPTIM. AVG. GERM. DAC. Son buste lauré et drapé, à droite.

℞. PARTHICO P. M. TR. P. COS. VI. P. P. S. P. Q. R. Victoire marchant à droite et tenant une couronne et une palme. (869; de J.-C., 116.) (N° 194 var.) B. OR. Q.

264. IMP. CAES. NER. TRAIANO OPTIMO AVG. GER. DAC. Son buste lauré, drapé et cuirassé, à droite.

℞. REGNA ADSIGNATA. Trajan assis sur une estrade placée à droite ; derrière lui, le préfet du prétoire; devant, un soldat tenant une haste; au pied de l'estrade, trois rois debout. (869 ; de J.-C., 116.) (N° 324.) B. OR.

265. IMP. CAES. NER. TRAIAN. OPTIM. AVG. GER. DAC. PARTHICO. Son buste lauré, drapé et cuirassé, à droite.

℞. VOTA SVSCEPTA (à l'exergue). P. M. TR. P. COS. VI. P. P. S. P. Q. R. Le Génie du Sénat debout, à droite, sacrifiant auprès d'un autel, en présence du Génie du peuple romain debout aussi, qui tient une patère et une corne d'abondance. (869; de J.-C., 116.) (N° 654 var.) T.B. OR.

266. IMP. CAES. NER. TRAIANO OPTIMO AVG. GER. DAC. Son buste lauré, drapé et cuirassé, à droite.

℞. FORT. RED. (à l'exergue). P. M. TR. P. COS. VI. P. P. S. P. Q. R. La Fortune assise, à gauche, tenant un gouvernail et une corne d'abondance. (865 à 870; de J.-C., 112-117.) (N° 153.) T.B. OR.

267. IMP. TRAIANVS AVG. GER. DAC. P. M. TR. P. COS. VI. P. P. Son buste lauré et drapé, à droite.

℞. MARS VICTOR. Mars debout, regardant à droite, portant un trophée et une haste. (Inédite.) OR.

268. IMP. TRAIANO AVG. GER. DAC. P. M. TR. P. COS. VI. P. P. Son buste lauré et drapé, à droite.

℞. S. P. Q. R. OPTIMO PRINCIPI. Trois enseignes militaires surmontées, celle de droite, d'une main; celle du milieu, d'un aigle, et celle de gauche, d'une couronne. (865-870; de J.-C., 112-117.) (N° 576 var.) F.D.C. OR.

269. DIVO TRAIANO PARTH. AVG. PATRI. Son buste lauré, drapé et cuirassé, à droite.

℞. Sans légende. Phénix debout, à droite, sur une branche de laurier. (Frappée après sa mort.) (N° 659.). T.B. OR.

PLOTINE (Femme de Trajan).

270. PLOTINA AVG. IMP. TRAIANI. Son buste diadémé et drapé, à droite.

℞. CAES. AVG. GERMA. DAC. COS. VI. P. P. Vesta assise, à gauche, tenant le palladium et un sceptre. (865-66; de J.-C., 112-113.) (N° 2.) T.B. OR.

MARCIANE (Sœur de Trajan).

271. DIVA AVGVSTA MARCIANA. Son buste diadémé et drapé, à droite.

℞. CONSECRATIO. Aigle éployé, marchant à gauche, sur un sceptre, et regardant à droite. (N° 3.) B. OR.

MATIDIE (Nièce de Trajan).

272. MATIDIA AVG. DIVAE MARCIANAE F. Son buste diadémé et drapé, à droite.

℞. PIETAS AVGVST. Matidie debout, de face, regardant à gauche, plaçant ses mains sur les têtes de Sabine et de Matidie jeune. (N° 9.) T.B. OR.

273. La même médaille, mais la tête plus petite. (N° 9 var.) T.B. OR.

TRAJAN PÈRE ET TRAJAN

274. DIVVS PATER TRAIANVS. Buste nu-tête et drapé de Trajan père, à droite.

℞. IMP. TRAIANVS AVG. GER. DAC. P. M. TR. P. COS. VI. P. P. Buste lauré, drapé et cuirassé de Trajan, à droite. (867; de J.-C., 114.) (N° 2.) Très beau style. T.B. OR.

TRAJAN, TRAJAN PÈRE ET NERVA

275. IMP. TRAIANVS AVG. GER. DAC. P. M. TR. P. COS. VI. P. P. Buste lauré, drapé et cuirassé de Trajan, à droite.

℞. DIVI NERVA ET TRAIANVS PAT. Bustes en regard, de Nerva, lauré et drapé, et de Trajan père, nu-tête et drapé. (867; de J.-C., 114.) (N° 1.) T.B. OR.

HADRIEN

(870-891; de J.-C., 117-138.)

276. IMP. CAES. TRAIAN. HADRIANO AVG. DIVI TRA. PARTH. F. Son buste lauré, drapé et cuirassé, à droite.

℞. CONCORD. (à l'exergue). DIVI NER. NEP. P. M. TR. P. COS. La Concorde assise, à gauche, tenant une patère; sur son fauteuil, une corne d'abondance; derrière, une statuette de l'Espérance. (870; de J.-C., 117.) (N° 247 var.) F.D.C. OR.

277. IMP. CAES. TRAIAN. HADRIANO AVG. DIVI TRA. PARTH. F. Son buste lauré, drapé et cuirassé, à droite.

℞. ORIENS (à l'exergue). DIVI NER. NEP. P. M. TR. P. COS. (à l'entour). Buste radié du Soleil, à droite. (870; de J.-C., 117.) (N° 1003.) T.B. OR.

278. IMP. CAESAR TRAIAN. HADRIANVS AVG. Son buste lauré et drapé, à droite.

℞. ORIENS (à l'exergue). P. M. TR. P. COS. II. Buste radié et drapé du Soleil, à droite. (871; de J.-C., 118.) (N° 1005.) T.B. OR.

Monnaies sans dates certaines.

279. HADRIANVS AVGVSTVS P. P. Son buste lauré, drapé et cuirassé, à gauche.

℞. COS. III. Rome debout, en habit militaire, tenant une haste, entre le Génie du Sénat (ou un sénateur) et Hadrien debout, à qui elle donne la main. (N° 350.) T.B. OR.

280. HADRIANVS AVGVSTVS. Sa tête laurée, à droite.

℞. COS. III. Hadrien galopant à droite et tenant une haste à deux pointes. (N° 414.) F.D.C. OR.

281. HADRIANVS AVGVSTVS. Sa tête laurée, à droite.

℞. COS. III. La Louve, à droite, allaitant Romulus et Rémus. (N° 422 var.) Très beau style. T.B. OR.

282. HADRIANVS AVGVSTVS. Son buste nu et drapé, à gauche.

℞. COS. III. P. P. Hadrien, en habit militaire, galopant à droite et tenant une haste. (N° 492.) F.D.C. OR.

283. HADRIANVS AVG. COS. III. P. P. Sa tête nue, à droite.

℞. DISCIPLINA AVG. Hadrien marchant à droite, suivi de trois soldats qui portent des enseignes militaires. (N° 540.) B. OR.

284. IMP. CAESAR TRAIAN. HADRIANVS AVG. Son buste lauré, drapé et cuirassé, à droite.

℞. GEN. P. R. (dans le champ). P. M. TR. P. COS. III. (à l'entour). Génie du peuple romain debout, à gauche, tenant une patère et une corne d'abondance. (N° 796.) T.B. OR.

285. HADRIANVS AVG. COS. III. P. P. Sa tête nue, à droite.

℞. GENIO P. R. Le Génie du peuple romain debout, à gauche, devant un autel allumé, tenant une patère et une corne d'abondance. (N° 800.) Très beau style. F.D.C. OR.

286. IMP. CAESAR TRAIAN. HADRIANVS AVG. Buste lauré, drapé et cuirassé, à droite.

℞. HERC. GADIT. (dans le champ). P. M. TR. P. COS. III. Hercule nu, debout, à droite, tenant une massue et une pomme; à gauche, une proue de vaisseau; à droite, le Bætis couché. (N° 814.) B. OR.

287. HADRIANVS AVG. COS. III. P. P. Son buste nu et drapé, à droite.

℞. IOVI VICTORI. Jupiter assis, à gauche, tenant une Victoire et un sceptre. (N° 863.) Très beau style. F.D.C. OR.

288. HADRIANVS AVG. COS. III. P. P. Son buste nu, légèrement drapé, à droite.

℞. LIBERALITAS AVG. VII. La Libéralité debout, à gauche, tenant une tessère et une corne d'abondance. (N° 942 var.) T.B. OR.

289. HADRIANVS AVG. COS. III. P. P. Son buste nu et drapé, à droite.

℞. MONETA AVG. La Monnaie debout, à gauche, tenant une balance et une corne d'abondance. (N° 964.) OR. Q.

290. IMP. CAESAR TRAIAN. HADRIANVS AVG. Son buste lauré, drapé et cuirassé, à droite.

℞. P. M. TR. P. COS. III. Jupiter debout, de face, nu, le manteau sur l'épaule gauche, tenant un foudre et un sceptre. (N° 1058.) F.D.C. OR.

291. Même buste, mais plus grand, et même légende.

℞. P. M. TR. P. COS. III. Jupiter assis, à gauche, tenant un foudre et un sceptre. (N° 1060.) T.B. OR.

292. Même buste et même légende.

℞. P. M. TR. P. COS. III. L'Équité debout, à gauche, tenant une balance et une corne d'abondance. (N° 1117.) F.D.C. OR.

293. IMP. CAESAR TRAIAN. HADRIANVS AVG. Son buste lauré, drapé et cuirassé, à droite.

℞. P. M. TR. P. COS. III. Victoire debout, à droite, tenant une palme et une couronne. (N° 1124.) OR. Q.

294. Même légende. Son buste lauré, drapé et cuirassé, à droite.

℞. SAEC. AVR. (à l'exergue). P. M. TR. P. COS. III. (à l'entour). Homme à demi nu, debout, à droite (Hadrien avec les attributs de l'Éternité), dans une auréole ovale, tenant un Phénix sur un globe. (N° 1321.) B. OR.

295. HADRIANVS AVG. COS. III. P. P. Sa tête nue, à droite.

℞. SECVRITAS AVG. La Sécurité à demi nue, assise, à gauche, tenant une corne d'abondance et soutenant sa tête de la main gauche; sur son siège, derrière elle, une corne d'abondance. (N° 1404.) F.D.C. OR.

296. HADRIANVS AVG. COS. III. P. P. Son buste nu et légèrement drapé, à droite.

℞. SPES P. R. L'Espérance marchant à gauche, tenant une fleur et relevant sa robe. (N° 1410.) T.B. OR.

297. HADRIANVS AVG. COS. III. P. P. Sa tête laurée, à droite.

℞. VICTORIA AVG. Victoire regardant à gauche, marchant à droite et tenant une couronne et une palme. (N° 1453.) F.D.C. OR.

298. Même légende. Sa tête nue, à droite.

℞. VOTA PVBLICA. Hadrien debout, à gauche, sacrifiant avec une patère sur un trépied et tenant un rouleau; à gauche, un victimaire amenant un taureau et tenant un marteau, un soldat tenant une haste, un joueur de double flûte et un enfant (Camille), qui s'approche de l'autel. (N° 1480.) B. OR.

Monnaies portant au revers des noms de pays.

(Voyages d'Hadrien ?)

299. HADRIANVS AVG. COS. III. P. P. Sa tête nue, à droite.

℞. AEGYPTOS. L'Égypte couchée, à gauche, tenant un sistre et le bras gauche reposant sur un panier; devant elle, un ibis debout sur un cippe. (N° 108 var.) B. OR.

300. HADRIANVS AVG. COS. III. P. P. Son buste nu-tête et drapé, à gauche.

℞. AFRICA. L'Afrique coiffée de la trompe d'éléphant, couchée, à gauche, la main droite posée sur un lion, le bras gauche appuyé sur une corbeille; derrière, des épis. (N° 151.) T.B. OR.

301. HADRIANVS AVG. COS. III. P. P. Son buste nu-tête, à droite.

℞. HISPANIA. L'Espagne couchée, à gauche, tenant une branche d'olivier, et le coude appuyé sur le rocher de Calpe; à gauche, un lapin. (N° 824.) T.B. OR.

302. HADRIANVS AVG. COS. III. P. P. Buste nu-tête, à gauche.

℞. HISPANIA. Même type, mais le lapin est tourné à droite. (N° 828.) B. OR.

303. HADRIANVS AVG. COS. III. P. P. Son buste nu-tête, légèrement drapé, à gauche.

℞. RESTITVTORI ACHAIAE. Hadrien debout, à gauche, relevant l'Achaïe agenouillée; entre eux, un vase d'où sort une palme. (N° 1214, var. inédite.) T.B. OR.

304. HADRIANVS AVG. COS. III. P. P. Son buste nu-tête et drapé, à droite.

℞. RESTITVTORI AFRICAE. Hadrien debout, à gauche, relevant l'Afrique agenouillée qui est coiffée de la trompe d'éléphant et tient des épis; entre eux, des épis. (N° 1222.) T.B. OR.

HADRIEN ET TRAJAN

305. IMP. CAES. TRAIAN. HADRIAN. OPT. AVG. GER. D. PART. Buste lauré, drapé et cuirassé d'Hadrien, à droite.

℞. DIVO TRAIANO PATRI AVG. Buste lauré, drapé et cuirassé de Trajan, à droite. (N° 1 var.) T.B. OR.

306. IMP. CAES. TRAIAN. HADRIANO OPT. AVG. G. D. PART. Buste lauré, drapé et cuirassé d'Hadrien, à droite.

℞. DIVO TRAIANO PATRI. Buste lauré et drapé de Trajan, à droite. (N° 3, var. inédite.) B. OR.

HADRIEN, TRAJAN ET PLOTINE

307. HADRIANVS AVG. COS. III. P. P. Buste d'Hadrien, nu-tête et drapé, à droite.

℞. DIVIS PARENTIBVS. Bustes en regard, de Trajan, nu-tête et drapé, et de Plotine, diadémé et drapé; sur leurs têtes, deux étoiles. (N° 2.) OR.

SABINE (Femme d'Hadrien).

308. SABINA AVGVSTA HADRIANI AVG. P. P. Son buste, à gauche, avec la queue.

℞. CONCORDIA AVG. La Concorde assise, à gauche, tenant une patère. (N° 13.) T.B. OR.

309. SABINA AVGVSTA. Son buste diadémé, à droite, avec la queue.

℞. IVNONI REGINAE. Junon diadémée et voilée, debout, à gauche, tenant une patère et un sceptre; à ses pieds, un paon. (N° 46.) (Collection de Belfort.) F.D.C. OR.

310. Même buste et même légende.

℞. VESTA. Vesta assise, à gauche, tenant le palladium et un sceptre. (N° 78.) T.B. OR.

311. Même légende. Son buste diadémé, à droite, avec la coiffure relevée et diadémée.

℞. Même revers. (N° 79.) F.D.C. OR.

312. SABINA AVGVSTA HADRIANI AVG. P. P. Son buste diadémé, à gauche, avec la coiffure relevée.

℞. Sans légende. Vesta assise, à gauche, tenant le palladium et un sceptre. (N° 86.) T.B. OR.

AELIUS CÉSAR

(889-891; de J.-C., 136-138.)

313. L. AELIVS CAESAR. Son buste, nu-tête, à gauche.

℞. CONCORD. (à l'exergue). TRIB. POT. COS. II. La Concorde assise, à gauche, tenant une patère, et le coude appuyé sur une corne d'abondance. (N° 12.) Très beau style. F.D.C. OR.

314. L. AELIVS CAESAR. Son buste, nu-tête et drapé, à gauche.

℞. CONCORD. (à l'exergue). TR. POT. COS. II. La Concorde assise, à gauche, tenant une patère, et le coude appuyé sur une corne d'abondance posée sur une base. (Var. inédite.) B. OR.

315. L. AELIVS CAESAR. Son buste, nu-tête et drapé, à droite.

℞. PIETAS (dans le champ). TRIB. POT. COS. II. (à l'entour). La Piété debout, à droite, levant la main droite et tenant une boîte à parfums; à ses pieds, un autel paré et allumé. (N° 35 var.) Très beau style. F.D.C. OR.

316. La même médaille. (N° 35 var.) B. OR.

ANTONIN LE PIEUX

(891-914; de J.-C., 138-161.)

317. IMP. T. AEL. CAES. HADR. ANTONINVS. Sa tête nue, à droite.

℞. AVG. PIVS P. M. TR. P. COS. II. L'Équité debout, à gauche, tenant une balance et une corne d'abondance. (891; de J.-C., 138.) (N° 83.) B. OR. Q.

318. IMP. AEL. CAES. ANTONINVS. Son buste, nu-tête et drapé, à droite.

℞. PIETAS (dans le champ). TRIB. POT. COS. (à l'entour). La Piété voilée, debout, à droite, tenant une boîte à parfums; à ses pieds, un autel paré et allumé. (Même année.) (N° 599.) F.D.C. OR.

319. ANTONINVS AVG. PIVS P. P. TR. P. COS. III. Sa tête laurée, à droite.

℞. IMPERATOR II. Victoire debout, à gauche, sur un globe, tenant une couronne et une palme. (893-96; de J.-C., 140-143.) (N° 436.) B. OR. Q.

320. ANTONINVS AVG. PIVS P. P. TR. P. COS. III. Son buste lauré, drapé et cuirassé, à droite.

℞. IOVI STATORI. Jupiter nu, debout, de face, appuyé sur son sceptre et tenant un foudre. (893-96; de J.-C., 140-143.) (N° 459.) T.B. OR.

321. ANTONINVS AVG. PIVS P. P. TR. P. COS. III. Sa tête laurée, à droite.

℞. LIBERALITAS (à l'entour). AVG. III. (à l'exergue). Antonin assis, à gauche, sur une estrade; à côté de lui, la Libéralité debout, tenant une tessère et une corne d'abondance; au pied de l'estrade, un homme debout, tendant son vêtement. (Même date.) (N° 485.) (Collection d'Amécourt.) F.D.C. OR.

322. ANTONINVS AVG. PIVS P. P. Son buste, nu-tête, drapé, à droite.

℞. TRIB. POT. COS. III. Mars tenant une haste et un bouclier, et apparaissant du haut des airs, en songe, à Rhéa Sylvia, couchée et endormie. (893-896; de J.-C., 140-143.) (N° 1073.) B. OR.

323. ANTONINVS AVG. PIVS P. P. TR. P. COS. III. Son buste, nu-tête et drapé, à droite.

℞. VICTORIA AVG. (à l'exergue). Victoire dans un quadrige au galop, à droite, tenant un fouet. (893-896; de J.-C., 140-143.) (N° 1080 var.) T.B. OR.

324. ANTONINVS AVG. PIVS P. P. Sa tête laurée, à gauche.

℞. TR. P. COS. III. DES. IIII. Victoire volant à droite, et tenant un trophée. (897; de J.-C., 144.) (N° 838.) F.D.C. OR.

325. ANTONINVS AVG. PIVS P. P. TR. P. COS. IIII. Son buste lauré, à gauche.

℞. LIB. IIII. (à l'exergue). Sans légende à l'entour. Antonin assis, à gauche, sur une estrade; à ses côtés, la Libéralité debout, tenant une tessère et une corne d'abondance; au pied de l'estrade, un homme debout, tendant son vêtement. (898; de J.-C., 145.) (N° 496 var.) T.B. OR.

326. ANTONINVS AVG. PIVS P. P. TR. P. XI. Sa tête laurée, à droite.

℞. LIB. V. (dans le champ). COS. IIII. (à l'entour). La Libéralité debout, à gauche, tenant une tessère et une corne d'abondance. (901; de J.-C., 148.) (N° 504.) F.D.C. OR.

327. ANTONINVS AVG. PIVS P. P. TR. P. XII. Son buste lauré et drapé, à droite.

℞. COS. IIII. L'Équité debout, à gauche, tenant une balance et une corne d'abondance. (902; de J.-C., 149.) (N° 235.) F.D.C. OR.

328. ANTONINVS AVG. PIVS P. P. TR. P. XII. Son buste lauré et légèrement drapé, à droite.

℞. COS. IIII. L'Équité debout, à gauche, tenant une balance et une corne d'abondance (902; de J.-C., 149.) (N° 235.) F.D.C. OR.

329. ANTONINVS AVG. PIVS P. P. TR. P. XII. Son buste nu-tête, drapé et cuirassé, à droite.

℞. COS. IIII. L'Équité debout, à gauche, tenant une balance et une corne d'abondance. (902; de J.-C., 149.) (N° 236.) F.D.C. OR.

330. ANTONINVS AVG. PIVS P. P. TR. P. XII. Sa tête nue, à droite.

℞. COS. IIII. L'Équité debout, à gauche, tenant une balance et une corne d'abondance. (902; de J.-C., 149.) (N° 237.) F.D.C. OR.

331. ANTONINVS AVG. PIVS P. P. TR. P. XIIII. Son buste lauré et légèrement drapé, à droite.

℞. COS. IIII. L'Équité debout, à gauche, tenant une balance et une corne d'abondance. (904; de J.-C., 151.) (N° 245.) F.D.C. OR.

332. IMP. CAES. T. AEL. HADR. ANTONINVS AVG. PIVS P. P. Sa tête nue, à droite.

℞. PAX (à l'exergue). TR. POT. XIIII. COS. IIII. (à l'entour). La Paix debout, à gauche, tenant une branche d'olivier et un sceptre. (Même année.) (N° 579.) F.D.C. OR.

333. ANTONINVS AVG. PIVS P. P. TR. P. XV. Sa tête laurée, à gauche.

℞. COS. IIII. Antonin debout, à gauche, tenant un globe. (905; de J.-C., 152.) (N° 305.) F.D.C. OR.

334. IMP. CAES. T. AEL. HADR. ANTONINVS AVG. PIVS P. P. Sa tête nue, à droite.

℞. PAX (à l'exergue). TR. POT. XV. COS. IIII. (à l'entour). La Paix debout, à gauche, tenant une branche d'olivier et un sceptre. (905; de J.-C., 152.) (N° 586 var.) F.D.C. OR.

335. Même légende. Sa tête nue, à droite.

℞. TR. POT. XV. COS. IIII. Antonin debout, à gauche, tenant un globe. (Même année.) (N° 964.) F.D.C. OR.

336. ANTONINVS AVG. PIVS P. P. TR. P. XVI. Son buste nu-tête, drapé et cuirassé, à gauche.

℞. COS. IIII. Antonin debout, à gauche, tenant un globe. (906; de J.-C., 153.) (N° 308.) (Collection d'Amécourt.) F.D.C. OR.

337. ANTONINVS AVG. PIVS P. P. TR. P. XVI. Son buste lauré, à droite.

℞. COS. IIII. Antonin debout, à gauche, tenant un globe. (906; de J.-C., 153.) (N° 309.) F.D.C. OR.

338. ANTONINVS AVG. PIVS P. P. TR. P. XVII. Son buste nu-tête, drapé et cuirassé, à droite.

℞. COS. IIII. Antonin debout, à gauche, tenant un globe. (906; de J.-C., 153.) (N° 313 var.) T.B. OR.

339. ANTONINVS AVG. PIVS P. P. TR. P. XXII. Son buste lauré et drapé, à droite.

℞. COS. IIII. (à l'exergue). TEMPL. DIVI AVG. REST. Temple à huit colonnes; au milieu, les statues d'Auguste et de Livie assis; sur le fronton, les trois divinités du Capitole entre deux figures couchées; au-dessus du fronton, un quadrige; les deux colonnes extérieures ont une statue placée un peu en avant sur une base et une statue sur leur sommet. (912; de J.-C., 159.) (N° 799.) T.B. OR.

340. ANTONINVS AVG. PIVS P. P. TR. P. XXII. Son buste nu-tête, cuirassé, avec l'égide, à droite.

℞. VOTA SUSCEPTA DEC. III. COS. IIII. Antonin voilé, debout, à gauche, près d'un trépied allumé. (912; de J.-C., 159.) (Inédite.) T.B. OR.

341. ANTONINVS AVG. PIVS P. P. TR. P. XXII. Son buste lauré et drapé, à droite.

℞. VOTA SVSCEP. DECENN. III. COS. IIII. Antonin voilé, debout, à gauche, près d'un trépied allumé. (Même date.) (Inédite.) T.B. OR.

342. ANTONINVS AVG. PIVS P. P. TR. P. XXIII. Son buste lauré et drapé, à droite.

℞. PIETATI AVG. COS. IIII. La Piété debout, à gauche, entre deux enfants; elle tient un globe de la main droite et un enfant sur le bras gauche. (913; de J.-C., 160.) (N° 623.) B. OR.

Monnaies sans dates certaines.

343. ANTONINVS AVG. PIVS. P. P. Son buste nu-tête, drapé, à droite.

℞. TR. POT. COS. III. Énée marchant à droite, portant Anchise sur ses épaules et donnant la main à Ascagne. (N° 908.) B. OR.

344. La même médaille. (N° 908.) B. OR.

345. ANTONINVS AVG. PIVS P. P. Sa tête laurée, à droite.

℞. TR. POT. COS. III. Romulus nu-tête, courant à droite, et portant une haste et un trophée. (N° 910.) Très beau style. F.D.C. OR.

346. ANTONINVS AVG. PIVS P. P. Son buste nu-tête, drapé, à droite.

℞. TR. POT. COS. IIII. Rome assise, à gauche, tenant le palladium et une haste; derrière elle, un bouclier. (N° 936.) F.D.C. OR.

347. ANTONINVS AVG. PIVS P. P. IMP. II. Sa tête laurée, à droite.

℞. TR. POT. XIX. COS. IIII. Victoire marchant à gauche, et tenant une couronne et une palme. (N° 993.) F.D.C. OR.

348. ANTONINVS AVG. PIVS P. P. TR. P. COS. IIII. Son buste lauré, à droite.

℞. Sans légende. Pallas debout, à gauche, tenant une Victoire et un bouclier posé à terre; une haste repose sur son bras gauche. (N° 1146.) T.B. OR.

349. DIVVS ANTONINVS. Sa tête nue, à droite.

℞. CONSECRATIO. Bûcher à quatre étages en pyramide, orné de guirlandes, de draperies et de statues séparées par des colonnes; au milieu, une porte; sur le sommet, Antonin dans un quadrige. (N° 163.) (Frappée après sa mort.) (Collection d'Amécourt.) F.D.C. OR.

ANTONIN ET MARC-AURÈLE

350. ANTONINVS AVG. PIVS P. P. TR. P. COS. III. Buste nu-tête, drapé, d'Antonin, à droite.

℞. AVRELIVS CAESAR AVG. PII F. COS. Buste nu-tête, drapé et cuirassé de Marc-Aurèle jeune, à droite. (893; de J.-C., 140.) (N° 13 var.) F.D.C. OR.

351. ANTONINVS AVG. PIVS P. P. TR. P. COS. III. Tête laurée d'Antonin, à gauche.

℞. AVRELIVS CAES. AVG. PII F. COS. Buste nu, drapé de Marc-Aurèle jeune, à droite. (N° 16 var.) F.D.C. OR.

352. ANTONINVS AVG. PIVS P. P. TR. P. COS. III. Tête laurée d'Antonin, à gauche.

℞. AVRELIVS CAESAR AVG. PII F. COS. Buste nu, drapé de Marc-Aurèle jeune, à droite. (N° 20 var.) F.D.C. OR.

FAUSTINE MÈRE (Femme d'Antonin).

353. FAVSTINA AVG. ANTONINI AVG. P. P. Son buste, à gauche.

℞. CONCORDIA AVG. La Concorde assise, à gauche, tenant une patère et accoudée à une statuette de l'Espérance placée sur une base; sous le siège, une corne d'abondance. (891-894; de J.-C., 138-141.) (N° 148.) T.B. OR.

354. FAVSTINA AVGVSTA. Son buste, à droite.

℞. IVNONI REGINAE. Trône sur lequel sont un diadème et un sceptre placés en travers; à gauche, un paon; à droite, un panier rempli de fruits. (Même date.) (N° 222.) T.B. OR.

355. FAVSTINA AVGVSTA. Son buste, à droite.

℞. VENERI AVGVSTAE. Vénus debout, à droite, relevant son voile et tenant une pomme. (Même date.) (N° 280.) T.B. OR.

Monnaies frappées après sa mort.

356. DIVA FAVSTINA. Son buste, à droite.

℞. AETERNITAS. L'Éternité (ou la Fortune) voilée, debout, à gauche, tenant une patère et un gouvernail posé sur un globe. (N° 2.) T.B. OR.

357. DIVA FAVSTINA. Son buste, à droite.

℞. AETERNITAS. Même type, mais sans le globe sous le gouvernail. (N° 2 var.) T.B. OR.

358. DIVA FAVSTINA. Son buste voilé, à droite.

℞. AETERNITAS. L'Éternité (ou la Fortune) voilée, debout, à gauche tenant une patère et un gouvernail posé sur un globe. (N° 3.) F.D.C. OR.

359. DIVA FAVSTINA. Son buste, à droite.

℞. AETERNITAS. L'Éternité (ou la Fortune) debout, à gauche, tenant un globe et un gouvernail. (N° 5.) F.D.C. OR.

360. DIVA AVGVSTA. Son buste, à droite.

℞. AETERNITAS. Temple à six colonnes; au milieu, la statue de Faustine, assise, de face, tenant un sceptre; sur le fronton, les trois divinités du Capitole entre deux figures couchées; sur le sommet du fronton, au milieu, un quadrige, et, à chaque angle, une Victoire debout, soutenant un bouclier au-dessus de sa tête; à la base de chacune des colonnes extérieures, on voit une statue sur un piédestal, dont la femme, qui est à droite, tient une corne d'abondance. (N° 64.) T.B. OR.

361. Même buste et même légende.

℞. AVGVSTA. Diane (ou Cérès) debout, à gauche, tenant deux torches. (N° 75.) F.D.C. OR.

362. Même légende. Son buste diadémé et voilé, à gauche.

℞. Même revers. (N° 76.) Très beau style. T.B. OR.

363. Même légende. Son buste, à droite.

℞. AVGVSTA. Cérès voilée, debout, à gauche, tenant une torche et un sceptre. (N° 95.) F.D.C. OR.

364. La même médaille, mais d'un coin différent. (N° 95.) F.D.C. OR.

365. Même légende. Son buste diadémé et voilé, à gauche.

℞. Même revers. (N° 98). B. OR.

366. Même légende. Son buste, à droite.

℞. AVGVSTA. Femme diadémée, debout, à gauche, levant la main droite et de la gauche relevant la draperie de sa robe. (N° 127.) T.B. OR.

367. DIVA FAVSTINA. Son buste, à droite.

℞. CERES. Cérès voilée, debout, à gauche, tenant deux épis et un flambeau. (N° 135.) B. OR.

368. DIVA FAVSTINA. Son buste, à droite.

℞. CONSECRATIO. Paon faisant la roue. (N° 179.) T.B. OR. Q.

369. La même médaille. (N° 179.) B. OR.

370. DIVA AVGVSTA FAVSTINA. Son buste, à droite.

℞. (Sans légende). Temple à six colonnes; sur le fronton, une divinité, debout, tenant un sceptre, entre deux figures plus petites; à chaque angle du fronton, en dehors, une Victoire soutenant un bouclier sur sa tête; au-dessus, une figure dans un quadrige. (N° 317.) Trou rebouché. B. OR.

MARC-AURÈLE CÉSAR

(892-914; de J.-C., 139-161.)

371. AVRELIVS CAESAR AVG. PII F. COS. Sa tête jeune, nue, à droite.

℞. IVVENTAS. La Jeunesse debout, à gauche, mettant un grain d'encens dans la flamme d'un candélabre ou autel à parfums et tenant une patère. (893-896; de J.-C., 140-143.) (N° 388.) B. OR. Q.

372. AVRELIVS CAESAR AVG. PII F. Son buste jeune, nu et drapé, à droite.

℞. COS. II. Pallas debout, à droite, tenant une haste et appuyée sur un bouclier. (898 ou 899; de J.-C., 145 ou 146.) F.D.C. OR.

373. AVRELIVS CAESAR AVG. PII F. COS. II. Sa tête jeune, nue, à droite.

℞. HILARITAS. L'Allégresse debout, à gauche, tenant une longue palme et une corne d'abondance. (898-99; de J.-C., 145-146.) (N° 233.) T.B. OR.

374. AVRELIVS CAESAR AVG. PII F. Son buste jeune, nu et drapé, à droite.

℞. TR. POT. COS. II. Pallas debout, à droite, tenant une haste et appuyée sur un bouclier. (898 ou 899; de J.-C., 145 ou 146.) (N° 594.) T.B. OR.

375. AVRELIVS CAESAR AVG. PII F. COS. II. Sa tête jeune, nue, à droite.

℞. VOTA PVBLICA. Junon Pronuba ? ou la Concorde debout, de face, joignant les mains de Faustine et de Marc-Aurèle, debout tous deux. (Même date.) (N° 1021.) (Collection d'Amécourt.) T.B. OR.

376. AVRELIVS CAESAR AVG. PII F. Son buste jeune, nu-tête, drapé et cuirassé, à droite.

℞. CONCORDIA TR. POT. III. COS. II. La Concorde, de face, regardant à droite, debout entre Marc-Aurèle et Faustine, sur lesquels elle étend sa robe. (Même année.) (N° 68.) T.B. OR.

377. AVRELIVS CAESAR AVG. PII F. Son buste nu-tête, drapé, à droite.

℞. TR. POT. III. COS. II. Mars nu, le manteau flottant, marchant à droite et portant une haste et un trophée. (902; de J.-C., 149.) (N° 617 var.) Très beau style. F.D.C. OR. Q.

378. AVRELIVS CAESAR AVG. PII FIL. Sa tête jeune, nue, à droite.

℞. TR. POT. VII. COS. II. Rome en habit militaire, debout, à gauche, tenant une Victoire et un parazonium. (905; de J.-C., 152.) (N° 658.) (Collection d'Amécourt.) T.B. OR. Q.

379. AVRELIVS CAESAR AVG. PII FIL. Son buste nu-tête, drapé et cuirassé, à droite.

℞. TR. POT. VIII. COS. II. Rome en habit militaire, debout, à gauche, tenant une Victoire et un parazonium. (907; de J.-C., 154.) (N° 672.) F.D.C. OR.

380. AVRELIVS CAES. AVG. PII F. Son buste nu-tête, légèrement drapé, à droite.

℞. TR. POT. XIIII. COS. II. Mars nu, avec le manteau flottant, marchant à droite, et portant une haste et un trophée. (913; de J.-C., 160.) (N° 753 var.) F.D.C. OR.

381. AVRELIVS CAES. AVG. PII F. Son buste nu-tête, drapé, à droite.

℞. TR. POT. XIIII. COS. II. Même type. (Même date.) (N° 754.) T.B. OR.

MARC-AURÈLE EMPEREUR

(914-933; de J.-C., 161-180.)

382. IMP. CAES. M. AVREL. ANTONINVS AVG. Sa tête nue, à droite.

℞. CONCORDIAE AVGVSTOR. TR. P. XV. COS. III. Marc-Aurèle et Lucius Verus debout, se donnant la main. (914; de J.-C., 161.) (N° 70.) T.B. OR.

383. IMP. CAES. M. AVREL. ANTONINVS AVG. Sa tête nue, à droite.

℞. LIB. AVGVSTOR. TR. P. XV. (à l'entour). COS. III. (à l'exergue). Marc-Aurèle et Lucius Verus assis, à gauche, sur une estrade; devant eux, la Libéralité debout, tenant une tessère et une baguette; en bas, un personnage debout, tendant les mains. (914; de J.-C., 161.) (N° 401.) T.B. OR.

384. IMP. CAES. M. AVREL. ANTONINVS AVG. Son buste nu-tête, drapé, à droite.

℞. CONCORDIAE AVGVSTOR. TR. P. XVI. COS. III. Marc-Aurèle et Lucius Verus debout, se donnant la main. (915; de J.-C., 162.) (N° 73 var.) T.B. OR.

385. M. ANTONINVS AVG. IMP. II. Son buste nu-tête, drapé et cuirassé, à droite.

℞. SALVTI AVGVSTOR. TR. P. XVII. COS. III. La Santé debout, à gauche, nourrissant un serpent enroulé autour d'un autel et tenant un sceptre. (916; de J.-C., 163.) (N° 559.) T.B. OR.

386. ANTONINVS AVG. ARMENIACVS. Son buste lauré, drapé et cuirassé, à droite.

℞. P. M. TR. P. XVIII. IMP. II. COS. III. Victoire debout, à droite, attachant à un palmier un bouclier sur lequel on lit VIC. AVG. (917; de J.-C., 164.) (N° 466 var.) F.D.C. OR.

387. M. ANTONINVS AVG. ARM. PARTH. MAX. Sa tête laurée, à droite.

℞. TR. P. XXII. IMP. V. COS. III. L'Équité assise, à gauche, tenant une balance et une corne d'abondance. (Même année.) (N° 898.) F.D.C. OR.

388. M. ANTONINVS AVG. ARM. PARTH. MAX. Son buste lauré et drapé, à droite.

℞. TR. P. XXII. IMP. IIII. COS. III. Victoire, à gauche, tenant une couronne et une palme. (921; de J.-C., 168.) (N° 894.) F.D.C. OR.

389. M. ANTONINVS AVG. TR. P. XXIII. Son buste lauré, drapé et cuirassé, à droite.

℞. FELICITAS AVG. COS. III. La Félicité debout, à gauche, tenant un caducée et un sceptre. (922; de J.-C., 169.) (N° 177.) F.D.C. OR.

390. M. ANTONINVS AVG. Sa tête laurée, à droite.

℞. TR. P. XXIIII. COS. III. Mars nu, avec le manteau flottant, marchant à droite, et portant une haste et un trophée. (923; de J.-C., 170.) (N° 910.) T.B. OR. Q.

391. IMP. M. ANTONINVS AVG. TR. P. XXV. Son buste lauré et drapé, à droite.

℞. VOTA SVSCEP. DECENN. II. COS. III. Marc-Aurèle debout, à gauche, voilé, sacrifiant sur un trépied. (924; de J.-C., 171.) (N° 1035.) F.D.C. OR.

392. M. ANTONINVS AVG. TR. P. XXVI. Son buste lauré, drapé et cuirassé, à droite.

℞. IMP. VI. COS. III. Marc-Aurèle en habit militaire, debout, à gauche, tenant un foudre et une haste renversée, et couronné par la Victoire debout, qui tient une palme. (925; de J.-C., 172.) (N° 308.) F.D.C. OR.

393. M. ANTONINVS AVG. TR. P. XXVI. Son buste lauré et drapé, à droite.

℞. IMP. VI. COS. III. Marc-Aurèle en habit militaire, debout, à gauche, tenant un foudre et une haste renversée, et couronné par la Victoire debout, qui tient une palme. (925; de J.-C., 172.) (N° 308 var.) F.D.C. OR.

394. M. ANTONINVS AVG. TR. P. XXVIII. Son buste lauré, drapé et cuirassé, à droite.

℞. IMP. VI. COS. III. Marc-Aurèle à cheval, à droite, levant la main droite. (927; de J.-C., 174.) (N° 303 var.) T.B. OR.

395. M. ANTONINVS AVG. GERM. TR. P. XXIX. Son buste lauré et drapé, à droite.

℞. LIBERAL. AVG. VI. IMP. VII. COS. III. La Libéralité debout, à gauche, tenant une tessère et une corne d'abondance. (928; de J.-C., 175.) (N° 416.) F.D.C. OR.

396. M. ANTONINVS AVG. GERM. SARM. Son buste lauré et drapé, à droite.

℞. TR. P. XXIX. IMP. VIII. COS. III. Femme debout (la Paix ?), à gauche, tenant un caducée et un sceptre. (928; de J.-C., 175.) (N° 925 var.) F.D.C. OR.

397. M. ANTONINVS AVG. GERM. SARM. Son buste lauré et drapé, à droite.

℞. DE GERM. (à l'exergue). TR. P. XXX. IMP. VIII. COS. III. P. P. (à l'entour). Monceau d'armes. (929; de J.-C., 176.) (N° 154.) T.B. OR.

398. M. ANTONINVS AVG. GERM. SARM. Son buste lauré et drapé, à droite.

℞. DE SAR[M]. (à l'exergue). TR. P. XXX. IMP. VIII. COS. III. PP. (à l'entour.) Trophée au pied duquel sont assis, chacun sur un bouclier, une Sarmate en pleurs, à gauche, et un Sarmate les mains liées derrière le dos, à droite. (929; de J.-C., 176.) (N° 164.) T.B. OR.

399. M. ANTONINVS AVG. GERM. SARM. Son buste lauré, drapé et cuirassé, à droite.

℞. TR. P. XXX. IMP. VIII. COS. III. Femme debout (la Paix?), à gauche, tenant un caducée et un sceptre. (929; de J.-C., 176.) (N° 925, var. inédite.) F.D.C. OR.

400. M. AVREL. ANTONINVS AVG. Son buste lauré et drapé, à droite.

℞. TR. P. XXXIII. IMP. X. COS. III. P. P. Marc-Aurèle debout, à gauche, tenant une patère et un sceptre, sacrifiant sur un trépied. (932; de J.-C., 179.) (N° 971.) F.D.C. OR.

401. DIVVS M. ANTONINVS PIVS. Sa tête nue, à droite.

℞. CONSECRATIO. Bûcher à quatre étages en pyramide, orné de guirlandes, de draperies et de statues séparées par des colonnes; au milieu, une porte; sur le faîte, Marc-Aurèle, dans un quadrige. (Frappée après sa mort.) (N° 96.) F.D.C. OR.

FAUSTINE JEUNE (Femme de Marc-Aurèle).

402. FAVSTINA AVGVSTA. Son buste, à droite.

℞. AVGVSTI PII FIL. Diane debout, à gauche, tenant une flèche et un arc. (N° 19 var.) F.D.C. OR.

403. FAVSTINA AVG. ANTONINI AVG. PII FIL. Son buste, à droite.

℞. CONCORDIA. La Concorde debout, de face, regardant à droite, relevant sa robe et tenant une corne d'abondance. (N° 43.) F.D.C. OR.

404. FAVSTINA AVG. PII AVG. FIL. Son buste, à gauche.

℞. CONCORDIA. Colombe, à droite. (N° 60.) F.D.C. OR.

405. FAVSTINA AVG. PII. AVG. FIL. Son buste, les cheveux ondés, à droite.

℞. CONCORDIA. Colombe, à droite. (N° 61.) F.D.C. OR.

406. Médaille semblable. (N° 61.) T.B. OR.

407. FAVSTINA AVGVSTA. Son buste, les cheveux ondés, à gauche.

℞. DIANA LVCIF. Diane debout, à gauche, tenant des deux mains une torche enflammée. (N° 84.) B. OR.

408. FAVSTINA AVGVSTA. Son buste, à droite, les cheveux ondés.

℞. HILARITAS. L'Allégresse debout, à gauche, tenant une longue palme et une corne d'abondance. (N° 110.) F.D.C. OR.

409. FAVSTINA AVGVSTA. Son buste, à droite, les cheveux ondés.

℞. IVNO. Junon voilée, debout, à gauche, tenant une patère et un sceptre ; à ses pieds, un paon. (N° 119.) T.B. (Néanmoins, la pièce a reçu deux coups à côté de la tête.) OR.

410. FAVSTINA AVGVSTA. Son buste, à droite, les cheveux ondés.

℞. IVNONI LVCINAE. Junon debout, à gauche, entre deux enfants et tenant un troisième dans ses bras. (N° 134.) T.B. OR.

411. FAVSTINAE AVG. PII AVG. FIL. Son buste diadémé, à droite.

℞. LAETITIAE PVBLICAE. La Joie debout, à gauche, tenant une couronne et un sceptre. (N° 156.) (Collection d'Amécourt.) T.B. OR.

412. Même tête et même légende.

℞. MATRI MAGNAE. Cybèle tenant le tympanon, assise, à droite, entre deux lions. (N° 168.) T.B. OR.

413. Même légende. Son buste, à droite, les cheveux ondés.

℞. SALVTI AVGVSTAE. La Santé assise, à gauche, nourrissant un serpent enroulé autour d'un autel. (N° 198.) F.D.C. OR.

414. FAVSTINA AVGVSTA. Son buste diadémé, à droite.

℞. SALVTI AVGVSTAE. Même type. (N° 199.) T.B. OR.

415. FAVSTINAE AVG. PII AVG. FIL. Son buste, à droite.

℞. VENERI GENETRICI. Vénus debout, à gauche, tenant une pomme et un sceptre. (N° 230.) Très beau style. F.D.C. OR.

416. Même légende. Son buste, à droite.

℞. VENVS. Vénus debout, à gauche, tenant une pomme et un gouvernail posé sur un dauphin ? (N° 260.) Très beau style. F.D.C. OR.

417. La même médaille, également de très beau style. F.D.C. OR.

LUCIUS VERUS

(914-922; de J.-C., 161-169.)

418. IMP. CAES. L. AVREL. VERVS AVG. Sa tête laurée, à droite.

℞. CONCORDIAE AVGVSTOR. TR. P. COS. II. Lucius Verus et Marc-Aurèle se donnant la main. (914; de J.-C., 161.) (N° 45). F.D.C. OR.

419. IMP. L. AVREL. VERVS AVG. Son buste nu-tête, avec l'égide, à droite.

℞. CONCORDIAE AVGVSTOR TR. P. II. COS. II. Même type. (915; de J.-C., 162.) (49 var.) T.B. OR.

420. L. VERVS AVG. ARMENIACVS. Son buste nu-tête, drapé et cuirassé, à droite.

℞. ARMEN. (à l'exergue). TR. P. III. IMP. II. COS. II. (à l'entour). L'Arménie assise à terre, à gauche, dans l'attitude de la tristesse, la main gauche appuyée sur un arc et un carquois; derrière elle, un trophée. (916; de J.-C., 163.) (N° 5 var.) T.B. OR.

421. L. VERVS AVG. ARMENIACVS. Buste nu-tête, vu de dos, avec la cuirasse, à droite.

℞. TR. P. III. IMP. II. COS. II. L'Arménie assise à terre, à gauche, comme sur la pièce précédente. (916; de J.-C., 163.) (N° 219 var.) B. OR.

422. IMP. CAES. L. VERVS AVG. Son buste nu-tête et drapé, à droite.

℞. SALVTI AVGVSTOR. TR. P. III. COS. II. (à l'exergue). La Santé debout, à gauche, nourrissant un serpent enroulé autour d'un autel. (916; de J.-C., 163.) (N° 171.) T.B. OR.

423. L. VERVS AVG. ARMENIACVS. Sa tête nue, à droite.

℞. REX ARMEN. DAT (à l'exergue). TR. P. IIII. IMP. II. COS. II. Verus assis, à gauche, sur une estrade; derrière lui, le préfet du prétoire debout; devant, un soldat debout; au pied de l'estrade, le Roi Soème debout. (917; de J.-C., 164.) (N° 158.) F.D.C. OR.

424. L. VERVS AVG. ARMENIACVS. Son buste lauré, drapé et cuirassé, à droite.

℞. Même type. (Même année.) (N° 157.) T.B. OR.

425. L. VERVS AVG. ARMENIACVS. Son buste lauré, drapé et cuirassé, à droite.

℞. TR. P. IIII. IMP. II. COS. II. Victoire à demi nue, debout, à droite, plaçant sur un palmier un bouclier sur lequel on lit VIC. AVG. (Même année.) (N° 247.) F.D.C. OR.

426. L. VERVS AVG. ARMENIACVS. Sa tête nue, à droite.

℞. Même type et même légende. (Même année.) (N° 248.) F.D.C. OR.

427. L. VERVS AVG. ARM. PARTH. MAX. Son buste lauré, drapé et cuirassé, à droite.

℞. VICT. AVG. TR. P. VI. COS. II. Victoire tourelée, volant à gauche, tenant un diadème des deux mains. (919; de J.-C., 166.) (N° 337.) F.D.C. OR.

428. L. VERVS AVG. ARM. PARTH. MAX. Son buste lauré et cuirassé, à droite.

℞. TR. P. VI. IMP. IIII. COS. II. Verus cuirassé, galopant à droite, tenant une haste et foulant aux pieds un ennemi. (919; de J.-C., 166.) (N° 287 var.) F.D.C. OR.

429. L. VERVS AVG. ARM. PARTH. MAX. Son buste lauré et légèrement drapé, à droite.

℞. TR. P. VIII. IMP. V. COS. III. L'Équité assise, à gauche, tenant une balance et une corne d'abondance. (921; de J.-C., 168.) (N° 317 var.) T.B. OR.

LUCILLE (Femme de Lucius Verus).

430. LVCILLA AVGVSTA. Son buste, à droite.

℞. FECVNDITAS. Lucille assise, à droite, tenant un enfant sur ses genoux; à ses pieds, une jeune fille. (N° 18.) B. OR.

431. LVCILLA AVGVSTA. Son buste, à droite.

℞. PVDICITIA. La Pudeur voilée, debout, à gauche. (N° 59.) (Collection d'Amécourt.) F.D.C. OR.

432. LVCILLAE AVG. ANTONINI AVG. F. Son buste, à droite.

℞. VENVS. Vénus debout, à gauche, tenant une pomme et un sceptre. (N° 69.) F.D.C. OR.

433. Même buste et même légende.

℞. VOTA PVBLICA. En trois lignes dans une couronne de laurier. (N° 97.) F.D.C. OR.

COMMODE CÉSAR

(919-930; de J.-C., 166-177.)

434. COMMODO CAES. AVG. FIL. GERM. Son buste jeune, nu-tête, drapé et cuirassé, à droite.

℞. LIBERALITAS. Commode assis, à gauche, sur une estrade; devant lui, la Libéralité debout, tenant une tessère et une corne d'abondance; au pied de l'estrade, une figure en toge qui en monte les degrés. (928; de J.-C., 175.) (N° 292.) T.B. OR.

COMMODE ASSOCIÉ A L'EMPIRE

avec les titres d'Empereur et d'Auguste.

(930-933; de J.-C., 177-180.)

435. IMP. CAES. L. AVREL. COMMODVS GERM. SARM. Son buste imberbe, lauré et drapé, à droite.

℞. DE GERM. (à l'exergue). TR. POT. II. COS. (à l'entour). Monceau d'armes composé d'une cuirasse, de boucliers ovales et hexagones, de trompettes et de lances. (930; de J.-C., 177.) (N° 91 var.) F.D.C. OR.

436. L. AVREL. COMMODVS AVG. Même buste.

℞. TR. POT. II. COS. P. P. L'Espérance debout, à gauche, tenant une fleur et relevant sa robe. (Même année.) (N° 743.) (Collection d'Amécourt.) F.D.C. OR. Q.

437. Même légende. Son buste imberbe, lauré, drapé et cuirassé, à droite.

℞. TR. P. III. IMP. II. COS. P. P. Castor (ou Maure) debout, à gauche, devant son cheval qu'il tient par la bride et portant une haste de la main gauche. (931; de J.-C., 178.)(N° 760.) F.D.C. OR.

438. Même buste et même légende.

℞. TR. P. IIII. IMP. III. COS. II. P. P. Mars marchant à droite, portant une haste et un trophée. (932; de J.-C., 179.) (N° 768.) T.B. OR.

439. L. AVREL. COMMODVS AVG. Son buste lauré et drapé, à droite.

℞. TR. P. V. IMP. III. COS. II. P. P. Victoire assise, à gauche, tenant une patère et une palme. (933; de J.-C., 180.) (N° 778.) F.D.C. OR.

440. L. AVREL. COMMODVS AVG. Son buste lauré, drapé et cuirassé, à gauche.

℞. TR. P. V. IMP. IIII. COS. II. P. P. Même type. (Même année.) (N° 788.) T.B. OR.

COMMODE EMPEREUR

(933-945; de J.-C., 180-192.)

441. M. COMMODVS ANTONINVS AVG. Son buste lauré et drapé, à droite.

℞. SECVRITAS PVBLICA TR. P. VI. IMP. IIII. COS. III. P. P. La Sécurité assise, à droite, soutenant sa tête de la main droite et tenant un sceptre. (934; de J.-C., 181.) (N° 700.) (Collection d'Amécourt.) F.D.C. OR.

442. Même légende. Son buste lauré, drapé et cuirassé, à droite.

℞. LIBERAL. V. (à l'exergue). TR. P. VII. IMP. IIII. COS. III. P. P. (à l'entour). Commode assis, à gauche, sur une estrade; derrière lui, un soldat? debout, tenant une haste? devant lui, la Libéralité debout, tenant une tessère et une corne d'abondance; plus bas, on voit un citoyen montant les degrés de l'estrade. (935; de J.-C., 182.) (N° 313.) T.B. OR.

443. M. COMMODVS ANTON. AVG. PIVS. Son buste lauré, drapé et cuirassé, à droite.

℞. TR. P. VIII. IMP. VI. COS. IIII. P. P. Jupiter assis, à gauche, tenant une Victoire et un sceptre. (936; de J.-C., 183.) (N° 870.) T.B. OR.

444. M. COMMODVS ANTON. AVG. PIVS. Son buste lauré et cuirassé, à droite.

℞. P. M. TR. P. VIIII. IMP. VI. COS. IIII. P. P. Jupiter à demi nu, assis, à gauche, tenant une Victoire et un sceptre. (937; de J.-C., 184.) (N° 421.) F.D.C. OR.

445. M. COMM. ANT. AVG. P. BRIT. FEL. Son buste lauré et drapé, à droite.

℞. P. M. TR. P. X. IMP. VII. COS. IIII. P. P. Victoire marchant à gauche, tenant une couronne et une palme. (938; de J.-C., 185.) (N° 480.) F.D.C. OR. Q.

446. M. COMM. ANT. AVG. P. BRIT. FEL. Son buste lauré et drapé, à droite.

℞. CONC. MIL. (à l'exergue) P. M. TR. P. XI. IMP. VII. COS. V. P. P. (à l'entour.) Commode debout, entre quatre soldats, dont les deux premiers portent des enseignes et se donnent la main; les deux autres sont armés d'une haste et d'un bouclier. (939; de J.-C., 186.) (N° 60.) (Collection d'Amécourt.) T.B. OR.

447. M. COMM. ANT. P. FEL. AVG. BRIT. Son buste lauré et drapé, à droite.

℞. IOVI EX. SVPER P. M. TR. P. XII. IMP. VIII. COS. V. P. P. Jupiter assis, à gauche, tenant une branche de laurier et un sceptre. (940; de J.-C., 187.) (Collection Du Chastel.) (Inédite.) F.D.C. OR.

448. M. COMM. ANT. P. FEL. AVG. BRIT. Son buste lauré et drapé, à droite.

℞. LIBERT. P. M. TR. P. XIII. IMP. VIII. COS. V. P. P. La Liberté debout, de face, regardant à gauche, tenant un bonnet et un sceptre transversal (941; de J.-C., 188.) (N° 342.) T.B. OR.

449. M. COMM. ANT. P. FEL. AVG. BRIT. Son buste lauré, drapé et cuirassé, à droite.

℞. MIN. VICT. P. M. TR. P. XIIII. COS. V. P. P. Minerve debout, à gauche, tenant une Victoire et une haste; à ses pieds, un bouclier; derrière elle, un trophée. (942; de J.-C., 189.) (N° 364.) T.B. OR.

450. M. COMM. ANT. P. FEL. AVG. BRIT. Son buste lauré, drapé et cuirassé, à droite.

℞. P. M. TR. P. XIIII. IMP. VIII. COS. V. P. P. Victoire marchant à gauche, tenant une couronne et une palme. (942; de J.-C., 189.) (N° 550.) OR. Q.

451. M. COMM. ANT. P. FEL. AVG. BRIT. P. P. Son buste lauré et cuirassé, à droite.

℞. HERC. COM. P. M. TR. P. XVI. COS. VI. Commode debout, à gauche, en Génie, tenant une patère et une corne d'abondance; en face de lui, l'arbre du jardin des Hespérides auquel sont attachés un carquois et la peau du lion; entre les deux, un autel allumé contre lequel est posé une massue. (944; de J.-C., 191.) (N° 180 var.) (Collection d'Amécourt.) T.B. OR.

CRISPINE (Femme de Commode).

452. CRISPINA AVGVSTA. Son buste, à droite.

℞. PVDICITIA. La Pudeur voilée, debout, à gauche, portant la main droite à sa bouche. (N° 29.) (Collection d'Amécourt.) T.B. OR.

453. CRISPINA AVGVSTA. Son buste, à gauche.

℞. VENVS. Vénus debout, tenant une pomme et ramenant son vêtement sur son épaule gauche. (N° 36.) T.B. OR.

454. CRISPINA AVGVSTA. Son buste, à droite.

℞. VENVS FELIX. Vénus assise, à gauche, tenant une Victoire et un sceptre; sous le siège, une colombe. (N° 39.) F.D.C. OR.

455. CRISPINA AVGVSTA. Son buste, à droite.

℞. VENVS VICTRIX. Vénus à demi nue, debout, à droite, vue par derrière, appuyée sur une colonne et tenant un casque et un sceptre; à ses pieds, un bouclier. (N° 43.) F.D.C. OR.

PERTINAX

(946; de J.-C., 193.)

456. IMP. CAES. P. HELV. PERTIN. AVG. Sa tête laurée, à droite.

℞. LAETITIA TEMPOR. COS. II. La Joie debout, à gauche, tenant une couronne et un sceptre. (N° 19.) F.D.C. OR.

457. Même tête et même légende.

℞. PROVID. DEOR. COS. II. La Providence debout, à gauche, levant les mains vers un globe radié. (N° 39.) F.D.C. OR.

458. Même tête et même légende.

℞. PROVID. DEOR. COS. II. La Providence debout, à gauche, levant la main droite vers un globe radié. (N° 42.) F.D.C. OR.

459. La même médaille. (N° 42.) B. OR.

460. IMP. CAES. P. HELV. PERTIN. AVG. Son buste lauré et drapé, à droite.

℞. VOT. DECEN. TR. P. COS. II. Pertinax voilé, debout, à gauche, sacrifiant sur un trépied allumé. (N° 57.) F.D.C. OR.

DIDE JULIEN

(946; de J.-C., 193.)

461. IMP. CAES. M. DID. IVLIAN. AVG. Sa tête laurée, à droite.

℞. CONCORD. MILIT. La Concorde debout, de face, regardant à gauche, tenant deux enseignes surmontées l'une d'un aigle et l'autre d'un étendard. (N° 2, inéd. en or.) (Collection d'Amécourt.) F.D.C. OR.

462. IMP. CAES. M. DID. IVLIAN. AVG. Sa tête laurée, à droite.

℞. P. M. TR. P. COS. La Fortune debout, à gauche, tenant un gouvernail posé sur un globe et une corne d'abondance. (N° 8.) T.B. OR.

MANLIA SCANTILLA (Femme de Dide Julien).

463. MANL. SCANTILLA AVG. Son buste, à droite.

℞. IVNO REGINA. Junon voilée, debout, à gauche, tenant une patère et un sceptre; à ses pieds, un paon. (N° 1.) (Collection Du Chastel.) F.D.C. OR.

DIDIA CLARA (Fille de Dide Julien).

464. DIDIA CLARA AVG. Son buste, à droite.

℞. HILAR. TEMPOR. L'Allégresse debout, à gauche, tenant une longue palme et une corne d'abondance. (N° 2.) T.B. OR.

PESCENNIUS NIGER

(946-947; de J.-C., 193-194.)

465. IMP. CAES. C. PESC. NIGER IVST. AVG. Son buste lauré et drapé à droite.

℞. ROMAE AETERNA. (*sic.*) Rome assise, à gauche, sur une cuirasse, tenant une Victoire et une haste. (N° 59.) Monnaie de première rareté. F.D.C. OR.

ALBIN CÉSAR

(946-949? de J.-C., 193-196?)

466. D. CL. SEPT. ALBIN. CAES. Sa tête nue, à droite.

℞. SAECVLO FRVGIFERO COS. II. Divinité barbue, coiffée de la tiare, à droite, surmontée d'un voile, vêtue d'une tunique talaire d'une étoffe fine et très ample, chaussée des *persicae*, assise sur un trône à dossier entre deux sphinx ailés, debout, coiffés du bonnet phrygien; cette divinité a la main droite levée et une fleur dans la gauche. (N° 68.) (Collection d'Amécourt.) T.B. OR.

SEPTIME-SÉVÈRE

(946-964; de J.-C., 193-211.)

467. IMP. CAE. L. SEP. SEV. PERT. AVG. Sa tête laurée, à droite.

℞. FIDEI LEG. TR. P. COS. La Foi debout, à gauche, tenant une Victoire et un étendard. (946; de J.-C., 193.) (N° 145.) T.B. OR.

468. IMP. CAE. L. SEP. SEV. PERT. AVG. Sa tête laurée, à droite.

℞. LIBERAL. AVG. COS. La Libéralité debout, à gauche, tenant une tessère et une corne d'abondance. (Même année.) (N° 280.) (Collection Du Chastel.) F.D.C. OR.

469. IMP. CAE. L. SEP. SEV. PERT. AVG. Sa tête laurée, à droite.

℞. VICT. AVG. TR. P. COS. Victoire marchant à gauche, tenant une couronne et une palme. (Même année.) (N° 681.) T.B. OR.

470. Même tête et même légende.

℞. VIRT. AVG. TR. P. COS. Rome en habit militaire, debout, à gauche, tenant une Victoire et une haste renversée. (Même année.) (N° 751.) F.D.C. OR.

471. L. SEPT. SEV. PERT. AVG. IMP. III. Même tête.

℞. DIS AVSPICIB. TR. P. II. COS. II. P. P. Hercule et Bacchus nus, debout, à gauche; Hercule tient une massue et la peau du lion, et Bacchus, une coupe et un thyrse; entre eux, une panthère. (947; de J.-C., 194.) (N° 114.) T.B. OR.

472. L. SEPT. SEV. PERT. AVG. IMP. II. Sa tête laurée, à droite.

℞. VICT. AVG. TR. P. II. COS. II. La Victoire marchant à droite, tenant une couronne et une palme. (947; de J.-C., 194.) (N° 689 var.) T.B. OR.

473. L. SEPT. SEV. PERT. AVG. IMP. VIII. Sa tête laurée, à droite.

℞. FORTVNAE REDVCI. La Fortune assise, à gauche, tenant un gouvernail et une corne d'abondance; sous son siège, une roue. (950; de J.-C., 197.) (N° 187 var.) T.B. OR.

474. L. SEPT. SEV. PERT. AVG. IMP. VIII. Son buste lauré, drapé et cuirassé, à droite.

℞. VOTA PVBLICA. Sévère voilé, debout, à gauche, sacrifiant sur un trépied allumé. (Même année.) (N° 776.) F.D.C. OR.

475. L. SEPT. SEV. AVG. IMP. XI. PART. MAX. Son buste lauré, drapé et cuirassé, à droite.

℞. TR. P. VII. COS. II. P. P. Victoire marchant à droite, tenant une couronne et une palme. (952; de J.-C., 199.) (N° 666.) (Collection d'Amécourt.) F.D.C. OR.

476. L. SEPT. SEV. AVG. IMP. XI. PART. MAX. Son buste lauré, drapé et cuirassé, à droite.

℞. COS. II. P. P. La Victoire marchant à gauche, tenant une couronne et une palme. (951-954; de J.-C., 198-201.) (Inédite.) F.D.C. OR.

477. SEVERVS AVG. PART. MAX. Sa tête laurée, à droite.

℞. PROFECT. AVGG. FEL. Sévère en habit militaire, galopant à droite et tenant une haste. (Même date.) (Inéd. en or.) B. OR.

478. SEVERVS PIVS AVG. Sa tête laurée, à droite.

℞. RESTITVTOR VRBIS. Rome assise, à gauche, sur un bouclier, tenant le palladium et un sceptre. (Même date.) (N° 605.) T.B. OR.

479. SEVERVS AVG. PART. MAX. Son buste lauré et drapé, à droite.

℞. S. P. Q. R. OPTIMO PRINC. Sévère à cheval, à gauche, tenant une haste. (Même date.) Très beau style. (N° 653.) F.D.C. OR.

480. SEVERVS PIVS AVG. Sa tête laurée, à droite.

℞. INDVLGENTIA AVG. IN CARTH. La déesse céleste de Carthage assise, de face, sur un lion qui court à droite; elle tient le tympanon et un sceptre; dessous, on voit des eaux sortant d'un rocher. (957; de J.-C., 204.) (N° 217.) F.D.C. OR.

481. SEVERVS PIVS AVG. Sa tête laurée, à droite.

℞. AVGG. VI. (à l'exergue). LIBERALITAS (à l'entour). Septime-Sévère entre Caracalla et Géta, tous trois assis, à gauche, sur une estrade; derrière eux, un soldat debout, devant la Libéralité debout, tenant une tessère et une corne d'abondance; plus bas, une figure qui monte les marches de l'estrade. (961; de J.-C., 208.) (N° 300.) F.D.C. OR.

Monnaies sans dates certaines.

482. SEVERVS PIVS AVG. Sa tête laurée, à droite.

℞. PACATOR ORBIS. Buste radié et drapé du Soleil, à droite. (Depuis 954; de J.-C., 201.) (N° 355.) Très beau style. (Collection Du Chastel.) F.D.C. OR.

483. SEVERVS PIVS AVG. Sa tête laurée, à droite.

℞. PROVIDENTIA. Tête de Méduse, de face, avec des serpents dans les cheveux (Même date.) (N° 589.) Très beau style. (Collection de Belfort.) F.D.C. OR.

484. SEVERVS PIVS AVG. Sa tête laurée, à droite.

℞. VICTORIAE AVGG. Victoire dans un bige au galop, à droite, tenant un fouet. (Même date.) (N° 712.) T.B. OR.

485. Même tête et même légende.

℞. VIRTVS AVGVSTORVM. Sévère, Caracalla et Géta à cheval, galopant à gauche. (Même date.) (N° 770.) (Collection d'Amécourt.) T.B. OR.

486. Même tête et même légende.

℞. VOTA SVSCEPTA XX. Sévère debout, à droite, sacrifiant sur un trépied allumé; en face de lui, un licteur? debout, tenant une baguette; derrière le trépied, un joueur de flûte debout, de face. (Même date.) (N° 793 var.) (Collection de Belfort.) F.D.C. OR.

SEPTIME-SÉVÈRE ET JULIE DOMNE

487. SEVERVS AVG. PART. MAX. Son buste lauré avec l'égide, à droite.

℞. IVLIA AVGVSTA. Son buste, à droite. (N° 1.) B. OR. Trouée.

SEPTIME-SÉVÈRE, JULIE, CARACALLA ET GÉTA

488. SEVERVS PIVS AVG. P. M. TR. P. VIIII. Sa tête laurée, à droite.

℞. FELICITAS SAECVLI. Buste de Julie, de face, entre le buste lauré de Caracalla jeune, drapé, à droite, et le buste nu et drapé de Géta jeune, à gauche. (N° 1.) T.B. OR.

SEPTIME-SÉVÈRE ET CARACALLA

489. IMPP. INVICTI PII AVGG. Bustes laurés, accolés, à droite, de Sévère et Caracalla jeune; celui de Sévère drapé et cuirassé, et celui de Caracalla drapé.

℞. VICTORIA PARTHICA MAXIMA. Victoire courant à gauche et tenant une couronne et une palme. (N° 8.) T.B. OR.

SEPTIME-SÉVÈRE, CARACALLA ET GÉTA

490. SEVERVS PIVS AVG. P. M. TR. P. VIIII. Sa tête laurée, à droite.

℞. AETERNIT. IMPERI. Bustes affrontés de Caracalla, lauré, drapé et cuirassé, et de Géta, nu et drapé. (Inédite.) F.D.C. OR.

491. SEVERVS AVG. PART. MAX. Son buste lauré avec l'égide, à droite.

℞. AETERNIT. IMPERI. Même type. (Inédite.) F.D.C. OR.

JULIE (Femme de Septime-Sévère).

492. IVLIA DOMNA AVG. Son buste, à droite, avec un chignon.

℞. ROMAE AETERNAE. Rome assise, à gauche, sur un bouclier, tenant une Victoire et une haste; à l'exergue, 99. (Inédite.) (Fabrique d'Orient?) F.D.C. OR.

493. IVLIA DOMNA AVG. Son buste, à droite, avec un chignon.

℞. VENERI VICTR. Vénus à demi nue, vue de dos, debout, à droite, tenant une pomme et une palme, et appuyée sur une colonne. (N° 193.) F.D.C. OR.

494. IVLIA DOMNA AVG. Son buste, à droite.

℞. VENVS GENETRIX. Vénus assise, à gauche, tenant une pomme et un sceptre; à ses pieds, Cupidon debout. (N° 203.) F.D.C. OR.

495. IVLIA AVGVSTA. Même buste.

℞. DIANA LVCIFERA. Diane debout, à gauche, avec un croissant autour du cou, tenant une torche des deux mains. (N° 26.) T.B. OR.

496. Même buste, mais plus petite, et même légende.

℞. FECVNDITAS. La Terre couchée, à gauche, posant la main droite sur un globe parsemé d'étoiles et tenant de la gauche un cep de vigne; elle est accoudée à un panier; autour d'elle, quatre enfants représentant les Saisons. (N° 34.) (Collection d'Amécourt.) T.B. OR.

497. IVLIA AVGVSTA. Son buste, à droite.

℞. MATER AVGG. Cybèle assise sur un char traîné par quatre lions allant à gauche, tenant un rameau et accoudée au tympanon. (N° 116.) T.B. OR.

498. IVLIA AVGVSTA. Son buste, à droite.

℞. PIETAS AVGG. Julie voilée, debout, à gauche, mettant un grain d'encens dans la flamme d'un autel et tenant une boite à parfums. (N° 148.) F.D.C. OR.

499. Même buste et même légende.

℞. SAECVLI FELICITAS. L'Abondance coiffée du modius, debout, à droite, le pied gauche posé sur une proue de vaisseau, et tenant un enfant sur son genou; à gauche, un gouvernail. (Fabrique syrienne.) (N° 177.) F.D.C. OR.

500. IVLIA PIA FELIX AVG. Son buste diadémé, à droite.

℞. LVNA LVCIFERA. Diane avec le croissant sur la tête, l'écharpe flottante; dans un bige au galop, à gauche. (N° 104.) F.D.C. OR.

501. IVLIA PIA FELIX AVG. Son buste sans diadème, à droite.

℞. MAT. AVGG. MAT. SEN. M. PATR. Julie assise, à gauche, tenant une branche d'olivier et un sceptre. (N° 110.) T.B. OR.

502. IVLIA PIA FELIX AVG. Son buste diadémé, à droite.

℞. VESTA. Quatre vestales debout, accompagnées de deux enfants, sacrifiant sur un autel paré et allumé en dehors d'un temple à quatre colonnes à coupole ronde et surmontée d'une statue; dans l'intérieur, on voit la statue de Vesta assise. (N° 232.) T.B. OR.

CARACALLA CÉSAR

(949-950; de J.-C., 196-197.)

503. M. AVR. ANTON. CAES. PONTIF. Son buste jeune, nu-tête et drapé, à droite.

℞. PRINCIPI IVVENTVTIS. Caracalla debout, à gauche, tenant une baguette et un sceptre; derrière lui, un trophée. (950; de J.-C., 197.) (N° 504.) F.D.C. OR.

504. M. AVR. ANTONINVS CAES. Son buste jeune, nu-tête et drapé, à droite.

℞. SEVERI AVG. PII FIL. Bâton d'augure, couteau de sacrificateur, patère, vase à sacrifice, simpule et aspersoir. (949; de J.-C., 196.) (N° 582.) F.D.C. OR.

505. M. AVR. ANTONINVS CAES. Son buste jeune, nu-tête et drapé, à droite.

℞. SPEI PERPETVAE. L'Espérance marchant à gauche, tenant une fleur et relevant sa robe. (949 ou 950; de J.-C, 196-197.) (N° 593.) F.D.C. OR.

CARACALLA ASSOCIÉ A L'EMPIRE

(950-964; de J.-C., 197-211.)

506. IMP. CAES. M. AVR. ANTONINVS AVG. Son buste jeune, lauré, drapé et cuirassé, à droite.

℞. IVVENTA IMPERII. Caracalla en habit militaire, debout, à gauche, tenant une Victoire sur un globe et une haste renversée; à ses pieds, un captif assis. (951; de J.-C., 198.) (N° 115, var. inédite en or.) (Collection d'Amécourt.) F.D.C. OR.

507. IMP. CAE. M. AVR. ANT. AVG. P. TR. P. Son buste jeune, à droite, lauré, drapé et cuirassé.

℞. MINER. VICTRIX. Minerve debout, à gauche, tenant une Victoire et une haste; à ses pieds, un bouclier; derrière elle, un trophée. (951; de J.-C., 198.) (N° 158.) (Collection Du Chastel.) F.D.C. OR.

508. IMP. CAES. M. AVR. ANT. AVG. P. M. TR. P. Même buste.

℞. SPES PVBLICA. L'Espérance marchant à gauche, tenant une fleur et relevant sa robe. (Même année.) (N° 598.) F.D.C. OR.

509. ANTONINVS AVGVSTVS. Buste presque semblable.

℞. RECTOR ORBIS. Caracalla nu, debout, de face, regardant à gauche, avec le manteau sur l'épaule, tenant un globe et une haste renversée. (951-954; de J.-C., 198-201.) (N° 541.) F.D.C. OR.

510. ANTON. P. AVG. PON. TR. P. V. COS. Buste semblable au n° 508.

℞. CONCORDIAE AETERNAE. Caracalla et Plautille debout, se donnant la main. (955; de J.-C., 202.) (N° 26.) F.D.C. OR.

511. ANTONINVS PIVS AVG. Son buste jeune, lauré, drapé et cuirassé, à droite.

℞. CONCORDIA FELIX. Caracalla et Plautille debout, se donnant la main; entre eux, la Concorde debout, de face. (955; de J.-C., 202.) (N° 22.) F.D.C. OR.

512. ANTONINVS PIVS AVG. Son buste jeune, lauré, drapé et cuirassé, à droite.

℞. INDVLGENTIA AVGG. IN. CARTH. La déesse de Carthage, assise sur un lion en course, à droite, tenant un sceptre et un tympanon ; dessous, on voit des eaux sortant d'un rocher. (956; de J.-C., 203.) (Var. inédite.) F.D.C. OR.

513. ANTONINVS PIVS AVG. Son buste imberbe, lauré et drapé, à droite.

℞. COS. II. Caracalla dans un quadrige, à droite, tenant un sceptre. (958; de J.-C., 205.) (N° 37 var.) T.B. OR.

514. ANTONINVS PIVS AVG. Son buste imberbe, lauré et drapé, à droite.

℞. PONTIF. TR. P. VIII. COS. II. Mars nu, l'épaule gauche couverte d'un manteau, debout, à gauche, posant le pied sur un casque et tenant un rameau et une haste. (958; de J.-C., 205.) (N° 419 var.) F.D.C. OR.

CARACALLA EMPEREUR

(964-970; de J.-C., 211-217.)

515. ANTONINVS PIVS FEL. AVG. Son buste lauré, drapé et cuirassé, à droite.

℞. P. M. TR. P. XVI. COS. IIII. P. P. La Liberté debout, à gauche, tenant un bonnet et un sceptre. (966 ; de J.-C., 213.) (N° 225.) F.D.C. OR.

516. ANTONINVS PIVS AVG. GERM. Son buste lauré et cuirassé, à droite.

℞. P. M. TR. P. XVII. IMP. IIII. COS. IIII. P. P. Victoire assise, à droite, sur une cuirasse, tenant un stylet à écrire et appuyant un bouclier sur son genou gauche; derrière elle, un bouclier. (967 ; de J.-C., 214.) (N° 267.) T.B. OR.

517. ANTONINVS PIVS AVG. GERM. Son buste lauré et cuirassé, à droite.

℞. P. M. TR. P. XVIII. COS. IIII. P. P. Caracalla en habit militaire, debout, à gauche, accompagné d'un sénateur? sacrifiant sur un autel paré et allumé; à gauche, un étendard et le temple de Pergame vu de côté, sur le devant duquel est la statue d'Esculape, tenant un bâton avec le serpent; derrière lui, un enfant. (968 ; de J.-C., 215.) (N° 317 var.) Trouée. OR.

518. ANTONINVS PIVS AVG. GERM. Son buste lauré, drapé et cuirassé, à droite.

℞. P. M. TR. P. XVIII. COS. IIII. P. P. Caracalla en habit militaire, sacrifiant sur un autel paré et allumé; devant lui, un prêtre, et, à droite et à gauche, une vestale accompagnée d'un enfant; au fond, le temple de Vesta à deux colonnes à coupole ronde, dans l'intérieur duquel on voit une statue de la déesse tenant un sceptre. (Même année.) (Inédite.) T.B. OR.

519. ANTONINVS PIVS AVG. GERM. Son buste lauré et cuirassé, à gauche.

℞. P. M. TR. P. XVIIII. COS. IIII. P. P. Le Soleil montant dans un quadrige au galop, à gauche. (969; de J.-C., 216.) (N° 354 var.) F.D.C. OR.

520. ANTONINVS PIVS AVG. GERM. Son buste lauré, drapé et cuirassé, à droite.

℞. P. M. TR. P. XX. COS. IIII. P. P. Sérapis assis, à gauche, tenant des épis? et un sceptre. (970; de J.-C., 217.) (N° 384.) F.D.C. OR.

521. Même légende. Son buste lauré, drapé et cuirassé, à droite.

℞. P. M. TR. P. XVIIII. COS. IIII. P. P. Sérapis debout, à gauche, levant la main droite et tenant un sceptre. (969; de J.-C., 216.) (N° 347.) F.D.C. OR.

522. ANTONINVS PIVS AVG. GERM. Son buste lauré, drapé et cuirassé, à droite.

℞. VIC. PART. (à l'exergue). P. M. TR. P. XX. COS. IIII. P. P. (à l'entour). Victoire assise, à droite, sur une cuirasse, tenant sur ses genoux un bouclier portant l'inscription VOT. XX; devant elle, un trophée, au pied duquel sont assis deux captifs. (970; de J.-C., 217.) (N° 647.) F.D.C. OR.

523. ANTONINVS PIVS AVG. GERM. Son buste radié, drapé et cuirassé, à droite.

℞. P. M. TR. P. XVIII. COS. IIII. P. P. Le Soleil montant dans un quadrige au galop, à gauche. (968; de J.-C., 215.) (Inédite.) Poids, 13 gr. 3 1/2. F.D.C. MÉDAILLON D'OR.

CARACALLA, SEPTIME-SÉVÈRE ET JULIE

524. ANTONINVS PIVS AVG. PON. TR. P. IIII. Buste de Caracalla jeune, lauré, drapé et cuirassé, à droite.

℞. CONCORDIAE AETERNAE. Bustes accolés, à droite, de Sévère, radié et drapé, et de Julie, diadémée, avec un croissant autour du cou. (954; de J.-C., 201.) (N° 1.) F.D.C. OR.

525. ANTON. P. AVG. PON. TR. P. V. COS. Buste de Caracalla jeune, lauré, drapé et cuirassé, à droite.

℞. CONCORDIAE AETERNAE. Même type. (955; de J.-C., 202.) (N° 2.) F.D.C. OR.

CARACALLA ET PLAUTILLE

526. ANTON. P. AVG. PON. TR. P. V. COS. Son buste jeune, lauré, drapé et cuirassé, à droite.

℞. PLAVTILLAE AVGVSTAE. Buste de Plautille, à droite. (955; de J.-C., 202.) (N° 1.) T.B. OR.

CARACALLA ET GÉTA

527. ANTONINVS AVGVSTVS. Buste de Caracalla jeune, lauré, drapé et cuirassé, à droite.

℞. P. SEPT. GETA CAES. PONT. Buste jeune, nu, drapé et cuirassé, de Géta, à droite. (951; de J.-C., 198.) (N° 1.) F.D.C. OR.

PLAUTILLE (Femme de Caracalla).

528. PLAVTILLA AVGVSTA. Son buste, à droite.

℞. CONCORDIA AVGG. La Concorde assise, à gauche, tenant une patère et une double corne d'abondance. (N° 4.) F.D.C. OR.

GÉTA CÉSAR

(951-962; de J.-C., 198-209.)

529. L. SEPTIMVS GETA CAES. Son buste enfant, nu-tête et drapé, à droite.

℞. FELICITAS TEMPOR. La Félicité debout, à droite, tenant un caducée, et donnant la main à Géta debout, qui tient une corne d'abondance. (951-957; de J.-C., 198-204.) (N° 48.) F.D.C. OR.

530. P. SEPT. GETA CAES. PONT. Son buste jeune, nu, drapé et cuirassé, à droite.

℞. CASTOR. Castor debout, à gauche, devant son cheval, contre lequel il s'appuie et qu'il tient par le frein; de la main gauche, il tient un sceptre. (Même date.) (N° 11.) F.D.C. OR.

531. P. SEPTIMVS GETA CAES. Son buste nu et drapé, à droite.

℞. PONTIF. COS. II. Sévère, de face, entre Caracalla et Géta qui se regardent, assis tous trois sur une estrade. (961; de J.-C., 208.) (N° 125.) F.D.C. OR.

532. GETA CAES. PONT. COS. Son buste jeune, nu-tête, drapé et cuirassé, à droite.

℞. PRINC. IVVENT. COS. Sévère, Caracalla et Géta, à cheval, galopant à droite. (958-961; de J.-C., 205-208.) (N° 161.) F.D.C. OR.

GÉTA EMPEREUR

(964-965; de J.-C., 211-212.)

533. P. SEPT. GETA PIVS AVG. BRIT. Son buste barbu, lauré, légèrement drapé, à droite.

℞. PONTIF. TR. P. III. COS. II. La Paix ou la Félicité debout, à gauche, tenant une corne d'abondance et un caducée. (964-965; de J.-C., 211-212.) (N° 149, inéd. en or.) F.D.C. OR.

GÉTA ET CARACALLA

534. P. SEPT. GETA CAES. PONT. Buste jeune, nu-tête, drapé et cuirassé, de Géta, à droite.

℞. SEVERI INVICTI AVG. PII FIL. Buste radié de Caracalla à mi-corps, drapé et cuirassé, à gauche, l'égide sur le poitrine, levant la main droite. (951-957; de J.-C., 198-204.) (N° 1.) T.B. OR.

MACRIN

(970; de J.-C., 217.)

535. IMP. C. M. OPEL. SEV. MACRINVS AVG. Son buste lauré, drapé et cuirassé, à droite.

℞. LIBERALITAS AVG. Macrin et Diaduménien assis, à gauche, sur une estrade; derrière eux, un personnage debout, tenant une baguette (?); devant, la Libéralité debout, tenant une tessère et une corne d'abondance; au pied de l'estrade, une figure debout, tendant les mains. (N° 43.) F.D.C. OR.

536. Même buste et même légende.

℞. PONTIF. MAX. TR. P. COS. P. P. La Fidélité debout, de face, regardant à droite, posant le pied droit sur un casque et tenant une enseigne de chaque main. (970; de J.-C., 217.) (N° 59.) T.B. OR.

537. IMP. C. M. OPEL. SEV. MACRINVS AVG. Son buste lauré, drapé et cuirassé, à droite.

℞. SALVS PVBLICA. La Santé assise, à gauche, sur un siège à dossier très élevé, nourrissant un serpent enroulé autour d'un autel. (N° 113.) T.B. OR.

DIADUMÉNIEN CÉSAR

(970; de J.-C., 217.)

538. M. OPEL. ANT. DIADVMENIAN. CAES. Son buste nu-tête et drapé, à droite.

℞. PRINC. IVVENTVTIS. Diaduménien debout, de face, regardant à droite, tenant une enseigne militaire surmontée d'un aigle et un sceptre; à droite, deux enseignes. (N° 2.) Monnaie de première rareté. Trouée. T.B. OR.

ÉLAGABALE

(971-975 ; de J.-C., 218-222.)

539. IMP. CAES. M. AVR. ANTONINVS AVG. Son buste lauré, drapé et cuirassé, à droite.

℞. PONTIF. MAX. TR. P. II. COS. II. P. P. Rome assise, à gauche, tenant une Victoire et un sceptre ; derrière elle, un bouclier. (972 ; de J.-C., 219.) (N° 230.) T.B. OR.

540. IMP. CAES. M. AVR. ANTONINVS AVG. Même buste.

℞. FIDES EXERCITVS. La Fidélité assise, à gauche, tenant un aigle et une enseigne militaire ; devant elle, une enseigne. (971-972 ; de J.-C., 218-219.) (N° 34.) F.D.C. OR.

541. IMP. CAES. ANTONINVS AVG. Son buste lauré, drapé et cuirassé, à droite.

℞. FIDES EXERCITVS. La Fidélité assise, à gauche, tenant un aigle et une enseigne militaire ; devant, une enseigne. (971 ou 972 ; de J.-C., 218-219.) (N° 29.) T.B. OR.

542. IMP. CAES. M. AVR. ANTONINVS AVG. Même buste.

℞. VICTOR. ANTONINI AVG. Victoire courant à droite, tenant une couronne et une palme. (Même date.) (N° 288.) T.B. OR.

543. IMP. ANTONINVS PIVS AVG. Son buste lauré, drapé et cuirassé, à droite.

℞. ADVENTVS AVGVSTI. Élagabale à cheval, à gauche, levant la main droite et tenant une haste. (971-972 ; de J.-C., 218-219.) (N° 5.) F.D.C. OR.

544. Même buste et même légende.

℞. P. M. TR. P. III. COS. III. P. P. Élagabale dans un quadrige au pas, à gauche, tenant un rameau et un sceptre ; dans le champ, une étoile. (973 ; de J.-C., 220.) (N° 171.) F.D.C. OR.

545. Même légende. Son buste lauré et cuirassé, à droite.

℞. CONSERVATOR AVG. Quadrige au pas, à gauche, sur lequel est la pierre conique Élagabale ornée d'un aigle ; dans le champ, une étoile. (Même année ?) (N° 16.) T.B. OR.

546. Même légende. Son buste lauré, drapé et cuirassé, à droite.

℞. P. M. TR. P. III. COS. III. P. P. Élagabale assis, à gauche, sur une chaise curule, tenant un globe et un sceptre; dans le champ, une étoile. (973; de J.-C., 220.) (N° 166.) F.D.C. OR.

547. Même légende. Son buste lauré, drapé et cuirassé, à droite.

℞. P. M. TR. P. IIII. COS. III. P. P. Le Soleil debout, regardant à gauche, le pied droit posé sur un rocher (?), levant la main droite, et, de la gauche, tenant un fouet et un manteau; dans le champ, une étoile. (974; de J.-C., 221.) (N° 183.) F.D.C. OR.

548. Même légende. Son buste lauré, cornu et drapé, à droite.

℞. P. M. TR. P. V. COS. IIII. P. P. Élagabale dans un quadrige au pas, à gauche, tenant un rameau et un sceptre. (975; de J.-C., 222.) (N° 217.) T.B. OR.

Monnaies de fabrique orientale ayant un poids supérieur.

549. IMP. C. M. AVR. ANTONINVS P. F. AVG. Son buste lauré, drapé et cuirassé, à droite.

℞. RECTOR ORBIS. Élagabale lauré, nu, debout, à gauche, le manteau sur l'épaule gauche, tenant un globe et une haste renversée. (Inédite.) Mod. 5 1/2. Poids, 7 gr. 30. T.B. OR.

550. IMP. C. M. AVR. ANTONINVS P. F. AVG. Son buste lauré, drapé et cuirassé, à gauche.

℞. RECTOR ORBIS. Même type. (Inédite.) Mod. 5 1/2. Poids, 7 gr. 28. F.D.C. OR.

551. IMP. C. M. AVR. ANTONINVS P. F. AVG. Son buste lauré, drapé et cuirassé, à droite.

℞. SANCT. DEO SOLI ELAGABAL. Quadrige au pas, à droite, orné de quatre parasols et portant la pierre conique *Élagabale* sur laquelle est représenté un aigle. (974; de J.-C., 221.) (N° 265, var. inédite.) Mod. 5 1/2. Poids, 7 gr. 30. F.D.C. OR.

552. ANTONINVS PIVS FEL. AVG. Son buste lauré, drapé et cuirassé, à droite.

℞. SOLI PROPVGNATORI. Le Soleil radié, marchant à droite, avec le manteau flottant, tenant un foudre de la main droite et tendant le bras gauche. (N° 272.) Poids, 7 gr. 40. T.B. OR.

SOÉMIAS (Mère d'Élagabale).

553. IVLIA SOAEMIAS AVG. Son buste, à droite.

℞. VENVS CAELESTIS. Vénus diadémée, debout, à gauche, tenant une pomme et un sceptre; dans le champ, une étoile. (N° 9.) Monnaie de première rareté. F.D.C. OR.

ALEXANDRE-SÉVÈRE

(975-988; de J.-C., 222-235.)

554. IMP. C. M. AVR. SEV. ALEXAND. AVG. Son buste jeune, lauré, drapé et cuirassé, à droite.

℞. P. M. TR. P. COS. P. P. Alexandre dans un quadrige au pas, à gauche, tenant un rameau et un sceptre. (975; de J.-C., 222.) (N° 225.) T.B. OR.

555. IMP. C. M. AVR. SEV. ALEXAND. AVG. Son buste lauré, drapé et cuirassé, à droite.

℞. P. M. TR. P. II. COS. P. P. La Paix ou la Félicité debout, à gauche, tenant une branche d'olivier et un sceptre. (976; de J.-C., 223.) (N° 235.) F.D.C. OR.

556. Même buste et même légende.

℞. PAX AETERNA AVG. La Paix debout, à gauche, tenant une branche d'olivier et un sceptre. (975-976; de J.-C., 222-223.) (N° 182.) F.D.C. OR.

557. IMP. C. M. AVR. SEV. ALEXAND. AVG. Son buste lauré et drapé, à droite.

℞. AEQVITAS AVG. L'Équité debout, à gauche, tenant une balance et une corne d'abondance. (N° 8.) F.D.C. OR.

558. IMP. C. M. AVR. SEV. ALEXAND. AVG. Son buste lauré et drapé, à droite.

℞. P. M. TR. P. VI. COS. II. P. P. L'Équité debout, à gauche, tenant une balance et une corne d'abondance. (980; de J.-C., 227.) (N° 311.) F.D.C. OR.

559. IMP. C. M. AVR. SEV. ALEXAND. AVG. Son buste lauré, drapé et cuirassé, à droite.

℞. P. M. TR. P. VII. COS. II. P. P. Mars nu, avec le manteau flottant, marchant à droite, et portant une haste et un trophée. (981; de J.-C., 228.) (N° 331.) F.D.C. OR.

560. IMP. C. M. AVR. SEV. ALEXAND. AVG. Son buste lauré et drapé, à droite.

℞. P. M. TR. P. VII. COS. II. P. P. Mars nu, avec le manteau flottant, marchant à droite, portant une haste et un trophée. (981; de J.-C., 228.) (Inédite.) B. OR. Q.

561. IMP. SEV. ALEXAND. AVG. Son buste lauré, à droite.

℞. P. M. TR. P. VIIII. COS. III. P. P. Romulus (ou l'Empereur) nu-tête, marchant, à pas précipités, à droite, et portant une haste et un trophée. (983; de J.-C., 230.) (Type du n° 395. Inédite en or.) F.D.C. OR.

562. IMP. ALEXANDER PIVS AVG. Son buste lauré, drapé et cuirassé, à droite.

℞. MARS VLTOR. Mars marchant à droite et tenant une haste et un bouclier. (Depuis 984; de J.-C., 231.) (N° 160.) F.D.C. OR.

563. IMP. ALEXANDER PIVS AVG. Son buste lauré et drapé, à droite.

℞. P. M. TR. P. XI. COS. III. P. P. Le Soleil marchant à gauche, levant la main droite et tenant un fouet. (985; de J.-C., 232.) (Inédite.) F.D.C. OR. Q.

564. IMP. C. M. AVR. SEV. ALEXAND. AVG. Son buste lauré et drapé, à droite.

℞. VIRTVS AVG. La Valeur casquée, debout, à droite, tenant une haste renversée et s'appuyant sur un bouclier. (N° 575.) F.D.C. OR.

URANIUS ANTONIN

(vers 975; de J.-C., 222?)

565. L. IVL. AVR. SVLP. VRA. ANTONINVS. Son buste lauré, drapé et cuirassé, à droite.

℞. CONSERVATOR AVG. Pierre conique entourée de draperies; de chaque côté, un parasol. (N° 1.) Monnaie d'une grande rareté. F.D.C. OR.

566. L. IVL. AVR. SVLP. VRA. ANTONINVS. Son buste lauré, drapé et cuirassé, à droite.

℞. FECVNDITAS AVG. La Fécondité (avec les attributs de la Fortune), debout, à gauche, tenant un gouvernail et une corne d'abondance. (N° 3.) Monnaie d'une grande rareté. F.D.C. OR.

567. L. IVL. AVR. SVL. ANTONINVS. Son buste lauré, drapé et cuirassé, à gauche.

℞. SAECVLARES AVGG. Cippe sur lequel on lit COS. I. (Inédite.) Monnaie d'une grande rareté. F.D.C. OR.

568. L. IVL. AVR. SVLP. VRA. ANTONINVS. Son buste lauré, drapé et cuirassé, à droite.

℞. VICTORIA AVG. La Victoire marchant à gauche, tenant une couronne et une palme. (Inédite.) Monnaie d'une grande rareté. F.D.C. OR.

MAXIMIN Ier

(988-991; de J.-C., 234-238.)

569. IMP. MAXIMINVS PIVS AVG. Son buste lauré et drapé, à droite.

℞. SALVS AVGVSTI. La Santé assise, à gauche, nourrissant un serpent qui s'élance d'un autel. (N° 84.) B. OR.

GORDIEN III LE PIEUX

(991-996; de J.-C., 238-243.)

570. IMP. CAES. M. ANT. GORDIANVS AVG. Son buste lauré, drapé et cuirassé, à droite.

℞. P. M. TR. P. II. COS. P. P. La Valeur casquée, debout, à gauche, appuyée sur un bouclier et tenant une haste. (992; de J.-C., 239.) (N° 193.) F.D.C. OR.

571. IMP. CAES. M. ANT. GORDIANVS AVG. Son buste lauré, drapé et cuirassé, à droite.

℞. P. M. TR. P. II. COS. P. P. La Providence debout, à gauche, tenant un globe et un sceptre transversal. (Même date.) (N° 195.) T.B. OR.

572. IMP. CAES. GORDIANVS PIVS AVG. Même buste.

℞. AEQVITAS AVG. L'Équité debout, à gauche, tenant une balance et une corne d'abondance. (Même année.) (N° 21.) T.B. OR.

573. IMP. CAES. GORDIANVS PIVS AVG. Son buste lauré, drapé et cuirassé, à droite.

℞. LIBERALITAS AVG. II. La Libéralité debout, à gauche, tenant une tessère et une double corne d'abondance. (Même date.) (N° 129, var. inédite.) F.D.C. OR.

574. IMP. CAES. GORDIANVS PIVS AVG. Son buste lauré, drapé et cuirassé, à droite.

℞. P. M. TR. P. II. COS. P. P. Gordien debout, à gauche, sacrifiant sur un trépied et tenant un sceptre (Même date.) (N° 209 var.) T.B. OR.

575. IMP. GORDIANVS PIVS FEL. AVG. Son buste lauré, drapé et cuirassé, à droite.

℞. P. M. TR. P. III. COS. P. P. Gordien en pacificateur, à cheval, à gauche, levant la main droite et tenant un sceptre. (993; de J.-C., 240.) (N° 233.) T.B. OR.

576. IMP. GORDIANVS PIVS FEL. AVG. Son buste lauré, drapé et cuirassé, à droite.

℞. P. M. TR. P. V. COS. II. P. P. Gordien en habit militaire, debout, à droite, tenant une haste transversale et un globe. (995 ; de J.-C., 242.) (N° 265.) F.D.C. OR.

577. IMP. GORDIANVS PIVS FEL. AVG. Même buste.

℞. PIETAS AVGVSTI. La Piété voilée, debout, à gauche, levant les deux mains. (N° 185.) T.B. OR.

578. Même buste et même légende.

℞. VIRTVTI AVGVSTI. Hercule nu, debout, à droite, posant le revers de la main droite sur la hanche et appuyé sur sa massue, qui repose sur une tête de bœuf. (Même date.) (N° 407.) T.B. OR.

PHILIPPE PÈRE

(997-1002; de J.-C., 244-249).

579. IMP. M. IVL. PHILIPPVS AVG. Son buste lauré, drapé et cuirassé, à droite.

℞. LIBERALITAS AVGG. II. La Libéralité debout, à gauche, tenant une tessère et une corne d'abondance remplie de fruits. (1000?; de J.-C., 247.) (N° 86.) T.B. OR.

580. IMP. M. IVL. PHILIPPVS AVG. Son buste lauré, drapé et cuirassé, à droite.

℞. AEQVITAS AVGG. L'Équité debout, à gauche, tenant une balance et une corne d'abondance. (N° 7.) F.D.C. OR.

581. Même buste et même légende.

℞. ANNONA AVGG. L'Abondance debout, à gauche, tenant trois épis et une corne d'abondance; auprès d'elle, le modius rempli d'épis. (N° 23.) F.D.C. OR.

582. IMP. PHILIPPVS AVG. Même buste.

℞. SAECVLARES AVGG. Cippe sur lequel on lit : COS. III. (1001; de J.-C., 248.) (N° 191.) T.B. OR.

583. IMP. PHILIPPVS AVG. Même buste.

℞. SAECVLVM NOVVM. Temple à six colonnes; au milieu, la statue de Jupiter assis, de face, tenant un sceptre. (Même année.) (Inédite en or.) Trouée. B. OR.

OTACILIE (Femme de Philippe père).

584. MARCIA OTACIL. SEVERA AVG. Son buste diadémé, à droite.

℞. PIETAS AVG. La Piété debout, à gauche, levant la main droite et tenant une boite à parfums; à ses pieds, un enfant debout. (N° 36.) F.D.C. OR.

585. Même buste et même légende.

℞. PVDICITIA AVG. La Pudeur assise, à gauche, se couvrant le visage de son voile et tenant un sceptre. (N° 51.) T.B. OR.

PHILIPPE FILS CÉSAR

(997-1000; de J.-C., 244-247.)

586. M. IVL. PHILIPPVS CAES. Son buste nu-tête et drapé, à droite.

℞. PRINCIPI IVVENT. Philippe en habit militaire, debout, à gauche, tenant un globe et une haste renversée. (997-999; de J.-C., 244-246.) (N° 46.) F.D.C. OR.

587. Même buste et même légende.

℞. PRINCIPI IVVENT. Philippe en habit militaire, debout, à droite, tenant un globe et une haste transversale. (Même date.) (N° 52.) (Collection d'Amécourt.) F.D.C. OR.

TRAJAN DÈCE

(1002-1004; de J.-C., 249-251.)

588. IMP. C. M. Q. TRAIANVS DECIVS AVG. Son buste lauré, drapé et cuirassé, à droite.

℞. ADVENTVS AVG. Trajan Dèce à cheval, à gauche, levant la main droite et tenant un sceptre. (1002 ; de J.-C., 249.) (N° 3.) Trou rebouché. B. OR.

589. Même légende. Son buste lauré et cuirassé, à droite.

℞. ABVNDANTIA AVG. L'Abondance debout, à droite, vidant sa corne. (1002-1004 ; de J.-C., 249-251.) (N° 1.) T.B. OR.

590. Même buste et même légende.

℞. GENIVS EXERC. ILLYRICIANI. Génie à demi nu, debout, à gauche, coiffé du modius, tenant une patère et une corne d'abondance ; à droite, une enseigne militaire. (N° 48.) F.D.C. OR.

591. Même buste et même légende.

℞. PANNONIAE. Les deux Pannonies voilées, debout, en femmes, se tournant le dos ; celle de gauche tient une enseigne militaire. (N° 85 var.) Trou rebouché. T.B. OR.

592. Même buste et même légende.

℞. VBERITAS AVG. La Fertilité debout, à gauche, tenant une bourse et une corne d'abondance. (N° 104.) Trou rebouché. T.B. OR.

593. IMP. TRAIANVS DECIVS AVG. Son buste lauré, drapé et cuirassé, à droite.

℞. VICTORIA AVG. Victoire marchant, à pas précipités, à gauche, tenant une couronne et une palme. (N° 108.) T.B. OR.

ÉTRUSCILLE (Femme de Trajan Dèce).

594. HER. ETRVSCILLA AVG. Son buste diadémé, à droite.

℞. PVDICITIA AVG. La Pudeur debout, à gauche, relevant son voile et tenant un sceptre transversal. (N° 16.) T.B. OR.

595. Même buste et même légende.

℞. PVDICITIA AVG. La Pudeur assise, à gauche, ramenant son voile sur sa figure et tenant un sceptre transversal. (N° 18.) F.D.C. OR.

596. HER. ETRVSCILLA AVG. Son buste, à droite.

℞. PVDICITIA AVG. La Pudeur assise, à gauche, près d'une colonne. (Var. inédite.) Style barbare. Pannonien ?. OR.

HÉRENNIUS CÉSAR

(1002-1003; de J.-C., 249-250.)

597. Q. HER. ETR. MES. DECIVS NOB. C. Son buste nu-tête et drapé, à droite.

℞. PRINCIPI IVVENTVTIS. Hérennius debout, à gauche, en habit militaire, tenant une baguette et une haste transversale. (N° 25.) (Collection d'Amécourt.) Trou rebouché. F.D.C. OR.

HOSTILIEN CÉSAR

(1002-1003; de J.-C., 249-250?.)

598. C. VALENS HOSTIL. MES. QVINTVS AVG. (AV liées.) Son buste nu-tête et drapé, à droite.

℞. PRINCIPI IVVENTVTIS. Hostilien en habit militaire, debout, à gauche, tenant une enseigne et une haste avec pointe renversée. (N° 33.) (Collection Du Chastel.) F.D.C. OR.

599. La même médaille, mais la haste est sans pointe. (N° 33.) Trouée. T.B. OR.

TRÉBONIEN GALLE

(1004-1007?; de J.-C., 251-254.)

600 IMP. CAE. C. VIB. TREB. GALLVS AVG. Son buste lauré, drapé et cuirassé à droite.

℞. P. M. TR. P. IIII. COS. II. Trébonien debout, à gauche, tenant une branche de laurier et un sceptre transversal. (1007; de J.-C., 254.) (N° 92 var.) F.D.C. OR.

601. IMP. CAE. C. VIB. TREB. GALLVS AVG. Son buste lauré et drapé, à droite.

℞. AEQVITAS AVGG. L'Équité debout, à gauche, tenant une balance et une corne d'abondance. (N° 8.) F.D.C. OR.

602. Même légende. Son buste radié, drapé et cuirassé, à droite.

℞. FELICITAS PVBLICA. La Félicité debout, à gauche, tenant un caducée et une corne d'abondance. (N° 36.) Poids de deux aurei laurés, 5 gr. 89. Mod. 5 1/2. F.D.C. OR.

603. Même légende. Son buste radié, drapé et cuirassé, à droite.

℞. LIBERTAS AVGG. La Liberté debout, à gauche, les jambes croisées, tenant un bonnet et un sceptre transversal et appuyée sur une colonne. (N° 66.) Poids de deux aurei laurés, 6 gr. 31. Mod. 5 1/2. F.D.C. OR.

VOLUSIEN

(1004-1007?; de J.-C., 251-254?)

604. IMP. CAE. C. VIB. VOLVSIANO AVG. Son buste lauré et drapé, à droite.

℞. AETERNITAS AVGG. L'Éternité debout, à gauche, tenant un globe surmonté d'un phénix et relevant sa robe. (N° 10.) (Collection Du Chastel.) F.D.C. OR.

605. IMP. CAE. C. VIB. VOLVSIANO AVG. Son buste radié et drapé, à droite.

℞. CONCORDIA AVGG. La Concorde assise, à gauche, tenant une patère et une double corne d'abondance; une étoile dans le champ. (N° 24 var.) Poids de deux aurei laurés, 5 gr. 54. Mod. 5 1/2. F.D.C. OR.

606. IMP. C. V. AF. GAL. VEND. VOLVSIANO AVG. Son buste lauré, drapé et cuirassé, à droite; derrière, deux points.

℞. LIBERTAS AVGG. La Liberté debout, à gauche, les jambes croisées, tenant un bonnet et un sceptre transversal, et appuyée sur une colonne. (N° 56.) Fabrique orientale. Poids, 5 gr. 96. (Collection d'Amécourt.) T.B. OR.

607. IMP. CAE. C. VIB. VOLVSIANO AVG. Son buste radié et drapé, à droite.

℞. PIETAS AVGG. La Piété debout, à gauche, auprès d'un autel allumé, levant les deux mains. (Type du n° 88, inédite en or.) Poids de deux aurei laurés, 5 gr. 63. Mod. 5 1/2. F.D.C. OR.

ÉMILIEN

(1006-1007; de J.-C., 253, 254.)

608. IMP. CAES. AEMILIANVS P. F. AVG. Son buste lauré et drapé, à droite.

℞. DIANAE VICTRI (*sic*). Diane debout, à gauche, tenant une flèche et un arc. (N° 9 var.) Trouée. OR.

VALÉRIEN PÈRE

(1006-1013; de J.-C., 253-260.)

609. IMP. C. P. LIC. VALERIANVS AVG. Son buste lauré, drapé et cuirassé, à droite.

℞. P. M. TR. P. III. COS. III. P. P. Valérien debout, à droite, sacrifiant sur un trépied allumé, tenant un sceptre surmonté d'un aigle. (1008; de J.-C., 255.) (N° 162.) F.D.C. OR.

610. IMP. C. P. LIC. VALERIANVS AVG. Son buste lauré et drapé, à droite.

℞. IOVI CONSERVATORI. Jupiter nu, debout, à gauche, avec le manteau sur l'épaule gauche, tenant un foudre et un sceptre. (N° 91.) F.D.C. OR.

611. IMP. C. P. LIC. VALERIANVS AVG. Son buste lauré, drapé et cuirassé, à droite.

℞. LAETITIA AVGG. La Joie debout, à gauche, tenant une couronne et une ancre. (N° 100.) T.B. OR.

612. IMP. C. P. LIC. VALERIANVS P. F. AVG. Même buste.

℞. LIBERALITAS AVGG. III. Valérien et Gallien assis, à gauche, chacun sur une chaise curule; entre eux, une figure debout. (N° 124.) (Collection d'Amécourt.) T.B. OR.

613. IMP. C. P. LIC. VALERIANVS P. F. AVG. Son buste lauré, drapé et cuirassé, à droite.

℞. RESTITVTOR ORBIS. Valérien debout, à gauche, relevant une femme tourelée, à genoux, et tenant un sceptre. (Type du N° 181.) (Module inédit.) F.D.C. OR.

614. IMP. C. P. LIC. VALERIANVS AVG. Son buste lauré, drapé et cuirassé, à droite.

℞. ROMAE AETERNAE. Rome assise, à gauche, sur un bouclier, tenant une Victoire et une haste. (N° 191.) F.D.C. OR.

615. IMP. C. P. LIC. VALERIANVS P. F. AVG. Son buste lauré et drapé, à droite.

℞. VIRTVS AVGG. Mars marchant à droite, portant une haste et un trophée. (Inédite.) B. OR.

GALLIEN ASSOCIÉ A L'EMPIRE

(1006-1013; de J.-C., 253-260.)

616. IMP. C. P. LIC. GALLIENVS AVG. Son buste lauré, drapé et cuirassé, à droite.

℞. IOVI CONSERVA. Jupiter nu, debout, à gauche, avec le manteau sur l'épaule gauche, tenant un foudre et un sceptre. (N° 349.) Poids, 3 gr. 14. F.D.C. OR.

617. IMP. C. P. LIC. GALLIENVS AVG. Son buste lauré, drapé et cuirassé, à droite.

℞. IOVI CONSERVATORI. Jupiter nu, debout, à gauche, le manteau sur l'épaule gauche, tenant un foudre et un sceptre. (N° 368.) Poids, 3 gr. 62. (Collection d'Amécourt.) T.B. OR.

618. IMP. C. P. LIC. GALLIENVS AVG. Son buste lauré et cuirassé, à droite.

℞. PROVIDENTIA AVGG. La Providence debout, à gauche, indiquant avec une baguette un globe qui est à terre, et tenant une corne d'abondance. (Inédite.) Poids, 2 gr. 78. F.D.C. OR.

619. IMP. C. P. LIC. GALLIENVS AVG. Même buste.

℞. VICTORIA AVGG. Victoire debout, à gauche, appuyée sur un bouclier et tenant une palme; dans le champ, un croissant. (N° 1142.) Poids, 2 gr. 78. (Collection d'Amécourt.) F.D.C. OR.

620. IMP. C. P. LIC. GALLIENVS P. F. AVG. Son buste lauré et cuirassé, à droite.

℞. VIRTVS AVGG. Mars marchant à droite, portant une haste et un trophée. (N° 1269 var.) Poids, 2 gr. 73. F.D.C. OR.

GALLIEN EMPEREUR

(1013-1021; de J.-C., 260-268).

621. GALLIENVS AVG. Sa tête radiée, à droite.

℞. VOT. X. ET XX. Dans une couronne de laurier. (1016; de J.-C., 263.) (N° 1353.) Poids, 3 gr. 5. T.B. OR.

622. IMP. GALLIENVS AVG. Sa tête laurée, à droite.

℞. ABVNDANTIA AVG. L'Abondance debout, à droite, vidant sa corne. (N° 3.) Poids, 1 gr. 53. F.D.C. OR. Q?.

623. GALLIENVS AVG. Son buste lauré, drapé et cuirassé, à droite.

℞. AETERNITAS AVG. Le Soleil radié, à demi nu, debout, de face, regardant à gauche, levant la main droite et tenant un globe. (N° 43.) Très petit module; poids, 1 gr. Trouée. (Collection d'Amécourt.) B. OR.

624. GALLIENVS AVG. Son buste lauré, drapé et cuirassé, à droite.

℞. FECVNDITAS AVG. La Fécondité debout, à gauche, tendant la main à un enfant et tenant une corne d'abondance. (Inédite.) Poids, 1 gr. 49. Légèrement ébréchée. T.B. OR.

625. GALLIENVS AVG. Sa tête radiée, à droite.

℞. FIDEI PRAET. Aigle légionnaire entre deux enseignes militaires. (N° 215.) Poids, 5 gr. 29. T.B. OR.

626. GALLIENVS P. F. AVG. Sa tête radiée, à droite.

℞. FIDES MILITVM (en trois lignes) dans une couronne de laurier. (N° 256.) Poids, 4 gr. 26. F.D.C. OR.

627. GALLIENVS P. F. AVG. Son buste lauré, drapé et cuirassé, à droite.

℞. FORTVNA REDVX. La Fortune debout, à gauche, tenant un gouvernail posé sur un globe et une corne d'abondance; dans le champ, S. (N° 274.) Poids, 1 gr. 45. T.B. OR.

628. GALLIENVS AVG. Sa tête laurée, à droite.

℞. FORTVNA REDVX. La Fortune debout, à gauche, tenant un gouvernail posé sur un globe, et une corne d'abondance. (N° 275.) Poids, 1 gr. 13. T.B. OR. Q.

629. IMP. GALLIENVS PIVS FEL. AVG. Son buste casqué et cuirassé, à droite.

℞. IANO PATRI. Janus debout, tenant une patère et un sceptre transversal. (N° 320.) Poids, 5 gr. 21. Trouée. OR.

630. GALLIENVS AVG. Sa tête radiée, à droite.

℞. IOVI VLTORI. Jupiter nu, marchant à gauche, regardant à droite, tenant un foudre; dans le champ, S. (N° 401.) Poids, 4 gr. 92. T.B. OR.

631. GALLIENVS AVG. Sa tête radiée, à droite.

℞. LIBERAL. AVG. La Libéralité debout, à gauche, tenant une tessère et une corne d'abondance; dans le champ, P. (N° 561 var.) Poids, 4 gr. 17. F.D.C. OR.

632. IMP. GALLIENVS P. F. AVG. GEM. (*sic*). Son buste lauré et cuirassé, à gauche, à mi-corps, la main droite levée.

℞. ORIENS AVG. Le Soleil debout, à gauche, levant la main droite et tenant un globe. (688 var.) Poids, 2 gr. 39. T.B. OR. Q.

633. GALLIENVS AVG. Sa tête laurée, à droite.

℞. PAX. AVG. La Paix debout, à gauche, tenant une branche d'olivier et un sceptre transversal. (N° 724.) Poids, 1 gr. 6. B. OR. Q.

634. GALLIENAE AVGVSTAE. Sa tête, à gauche, couronnée d'épis.

℞. VBIQVE PAX. Victoire dans un bige au galop, à droite, tenant un fouet. (N° 1015.) Poids, 4 gr. 81. (Collection Du Chastel.) F.D.C. mais trouée. OR.

635. GALLIENVS AVG. Sa tête laurée, à droite.

℞. VBIQVE PAX. Même type. (Var. inédite.) Poids, 1 gr. 30. F.D.C. OR.

636. GALLIENVS P. F. AVG. Sa tête laurée, à gauche.

℞. VICTORIA AET. Victoire debout, à gauche, tenant une couronne et une palme. (N° 1068.) F.D.C. OR.

637. GALLIENVS AVG. Sa tête laurée, à droite.

℞. VICTORIA AVG. Victoire debout, à gauche, tenant une couronne et une palme. (N° 1074.) Poids, 1 gr. 6. T.B. OR.

638. GALLIENAE AVGVSTAE. Sa tête, à gauche, couronnée d'épis.

℞. VICTORIA AVG. Gallien en habit militaire, debout, à gauche, tenant un globe et un sceptre transversal, et couronné par la Victoire debout, qui tient une palme. (N° 1111.) (Collection d'Amécourt.) F.D.C. OR.

639. GALLIENVS AVG. Son buste radié et cuirassé, à droite.

℞. VICTORIA AVG. III. La Victoire debout, à gauche, tenant une couronne et une palme; dans le champ, à gauche, T. (N° 1116.) Poids, 4 gr. 1. T.B. OR.

640. GALLIENVS AVG. Son buste radié et cuirassé, à gauche.

℞. VOTIS DECENNALIB. dans une couronne de laurier. (1006?; de J.-C., 253.) (N° 1337.) Poids, 5 gr. 3. F.D.C. OR.

641. IMP. GALLIENVS AVG. Son buste lauré, drapé et cuirassé, à droite.

℞. CONCORDIA AVG. La Concorde debout, à gauche, tenant une patère et une corne d'abondance. (N° 120.) Mod. 7. Poids, 12 gr. 3 1/2. T.B. MÉDAILLON D'OR. Unique.

SALONINE (Femme de Gallien).

642. CORN. SALONINA AVG. Son buste diadémé et drapé, à droite.

℞. VENERI GENETRICI. Vénus debout, à gauche, tenant une pomme et un sceptre. (N° 111.) F.D.C. OR.

643. SALONINA AVG. Son buste diadémé et drapé, à droite.

℞. VENVS GENETRIX. Vénus debout, à gauche, tenant une pomme et un sceptre; à ses pieds, Cupidon debout. (N° 119.) (Collection Du Chastel.) (Petit module.) T.B. OR.

SALONIN CÉSAR

(1006-1012; de J.-C., 253-259.)

644. P. C. L. VALERIANVS NOB. CAES. Son buste nu-tête et drapé, à droite.

℞. PRINCIPI IVVENTVTIS. Salonine en habit militaire, debout, à gauche, tenant une enseigne et un sceptre. (N° 79 var.) (Collection d'Amécourt.) F.D.C. OR.

645. LIC. COR. SAL. VALERIANVS N. CAES. Son buste nu-tête et drapé, à droite.

℞. PRINCIPI IVVENTVTIS. Salonin en habit militaire, debout, à gauche, tenant une enseigne et un sceptre. (N° 82.) (Collection d'Amécourt.) F.D.C. OR.

646. DIVO CAES. VALERIANO. Son buste nu-tête et drapé, à droite.

℞. CONSECRATIO. Aigle debout, à gauche, se retournant à droite. (Inédite.) Petit module. F.D.C. OR.

VALÉRIEN JEUNE?

(1013-1021; de J.-C., 260-268.)

647. VALERIANVS P. F. AVGG. Son buste lauré et drapé, à droite.

℞. VIRTVS AVGG. La Valeur debout, à gauche, tenant, de la main droite, une Victoire et, de la main gauche, une haste. (Trou rebouché.) (Inédite.) T.B. OR.

MACRIEN JEUNE

(1013-1015; de J.-C., 260-262.)

648. IMP. C. FVL. MACRIANVS P. F. AVG. Son buste lauré et drapé, à droite.

℞. CONSERVATRICI AVGG. Diane debout, à droite, un carquois sur l'épaule, et tenant un arc; devant elle, un cerf se retournant à gauche; dans le champ, à gauche, une étoile. (N° 3.) Trouée. B. OR.

EMPEREURS DES GAULES

POSTUME

(1011-1020; de J.-C., 258-267.)

649. IMP. C. POSTVMVS P. F. AVG. Son buste lauré, drapé et cuirassé, à droite.

℞. P. M. TR. P. COS. P. P. Lion radié marchant à gauche, tenant un foudre dans sa gueule. (1011; de J.-C., 258.) (N° 237.) (Collection d'Amécourt.) F.D.C. OR.

650. POSTVMVS PIVS AVG. Sa tête laurée, à droite.

℞. P. M. TR. P. IMP. V. COS. III. P. P. Postume assis, à gauche, sur une chaise curule, tenant un globe et un sceptre. (N° 287.) (1015; de J.-C., 262.) T.B. OR.

651. POSTVMVS PIVS AVG. Sa tête laurée, à droite.

℞. QVINQVENNALES POSTVMI AVG. Victoire debout, à droite, posant le pied sur un rocher et tenant sur son genou gauche un bouclier sur lequel elle écrit X. (1015; de J.-C., 262.) (N° 308.) Trouée. T.B. OR.

652. POSTVMVS PIVS AVG. Son buste lauré et cuirassé, à droite.

℞. QVINQVENNALES POSTVMI AVG. Victoire debout, à droite, posant le pied sur un rocher et tenant sur son genou gauche un bouclier sur lequel elle écrit VOT. X. (1015; de J.-C., 262.) (N° 309 var.) Trouée. F.D.C. OR.

653. POSTVMVS PIVS AVG. Bustes laurés et accolés, à droite, de Postume et d'Hercule.

℞. P. M. TR. P. X. COS. V. P. P. Buste ailé, à mi-corps, de la Victoire tenant un bouclier sur lequel elle écrit : VOT. XX. (1020; de J.-C., 267.) (N° 284.) B. OR.

Monnaies sans dates certaines.

654. IMP. C. POSTVMVS P. F. AVG. Son buste lauré et cuirassé, à gauche.

℞. AETERNITAS AVG. Trois bustes radiés, imberbes, dont un, de face, entre deux en regard. (N° 5.) F.D.C. OR.

655. POSTVMVS PIVS FELIX AVG. Buste lauré de Postume, à droite, accolé au buste d'Hercule, également lauré.

℞. CLARITAS AVG. Bustes accolés, à droite, du Soleil radié et drapé, et de la lune avec le croissant sur la tête et autour du cou. (N° 12.) F.D.C. OR.

656. POSTVMVS PIVS FELIX AVG. Tête laurée de Postume, à droite, accolée au buste d'Hercule.

℞. FELICITAS AVG. Buste lauré de la Victoire ailée, à droite, tenant une couronne et une palme, accolé au buste diadémé de la Félicité qui tient une branche d'olivier. (N° 45.) F.D.C. OR.

657. IMP. C. POSTVMVS P. F. AVG. Son buste lauré, drapé et cuirassé, à droite.

℞. HERCVLI DEVSONIENSI. Hercule nu, debout, de face, regardant à droite, appuyé sur sa massue et tenant un arc; la peau du lion repose sur son bras gauche. (N° 90 var.) T.B. OR.

658. POSTVMVS PIVS AVG. Sa tête laurée, à droite.

℞. ROMAE AETERNAE. Rome assise, à gauche, tenant une Victoire et un sceptre; sous son siège, un bouclier. (N° 327.) T.B. OR.

659. IMP. C. POSTVMVS P. F. AVG. Son buste lauré et drapé, à droite.

℞. VICTORIA AVG. Victoire marchant à gauche, tenant une couronne et une palme, et posant le pied droit sur un captif. (N° 374 var.) T.B. OR.

660. IMP. C. POSTVMVS P. F. AVG. Son buste lauré et cuirassé, à gauche.

℞. VICTORIA AVG. Victoire tenant un fouet, dans un bige au galop, à droite. (N° 396 var.) Trouée. T.B. OR.

661. VIRTVS POSTVMI AVG. Son buste casqué et cuirassé, à droite, le casque très orné.

℞. VICTORIA AVG. Victoire tenant un fouet, dans un bige au galop, à droite. (N° 398.) T.B. OR.

662. IMP. C. POSTVMVS P. F. AVG. Son buste lauré, drapé et cuirassé, à droite.

℞. VIRTVS POSTVMI AVG. Buste de Postume, à droite, avec un casque très orné et la cuirasse. (N° 447.) F.D.C. OR.

663. POSTVMVS P. F. AVG. Son buste lauré et cuirassé, à gauche, levant la main droite.

℞. VIRTVS POSTVMI AVG. Buste de Postume, à droite, avec un casque très orné et la cuirasse. (N° 448.) T.B. OR.

LÉLIEN

(1020; de J.-C., 267.)

664. IMP. C. LAELIANVS P. F. AVG. Son buste lauré et cuirassé, à droite.

℞. TEMPORVM FELICITAS. L'Espagne couchée, à gauche, tenant une branche d'olivier; derrière elle, un lapin. (N° 2.) (Trouvée dans le Danube.) F.D.C. OR.

VICTORIN PÈRE

(1818-1020; de J.-C., 265-267.)

665. IMP. CAES VICTORINVS P. F. AVG. Son buste lauré et cuirassé, à droite.

℞. COMES AVG. Victoire debout, à gauche, tenant une couronne et une palme. (N° 16 var.) F.D.C. OR.

666. IMP. CAES. VICTORINVS P. F. AVG. Son buste lauré, à gauche.

℞. COMES AVG. Victoire debout, à gauche, tenant une couronne et une palme. (N° 17.) T.B. OR.

667. IMP. C. VICTORINVS P. F. AVG. Tête laurée de Victorin, à gauche, accolée au buste radié du Soleil.

℞. LEG. XXX. VLP. VICT. P. F. Jupiter nu, debout, de face, regardant à gauche, portant son manteau sur le bras gauche, et tenant un sceptre et un foudre; un capricorne vient à sa rencontre. (N° 72.) (Collection d'Amécourt.) F.D.C. OR.

668. IMP. VICTORINVS P. F. AVG. Son buste lauré et cuirassé, à gauche, armé d'une haste et d'un bouclier sur lequel on voit un guerrier terrassant un ennemi.

℞. VOTA AVGVSTI. Bustes en regard de Victorin jeune? (sous les traits d'Apollon), lauré et drapé, et de Diane avec un arc sur l'épaule (sous les traits de Victorine?) (N° 137.) Trou rebouché. (Collection d'Amécourt.) T.B. OR.

669. IMP. C. VICTORINVS P. F. AVG. Son buste lauré et cuirassé, à gauche, armé d'un sceptre et d'un bouclier sur lequel on voit un guerrier terrassant un ennemi.

℞. VOTA AVGVSTI. Buste casqué de Rome, à droite (sous les traits de Victorine?), accolé au buste de Diane; devant, un arc. (139 var.) F.D.C. OR.

MARIUS

(1021; de J.-C., 268.)

670. IMP. C. M. AVR. MARIVS P. F. AVG. Son buste lauré, drapé et cuirassé, à droite.

℞. CONCORDIA MILITVM. Deux mains jointes. (N° 3.) F.D.C. OR.

TÉTRICUS PÈRE

(1021-1026; de J.-C., 268-273.)

671. IMP. TETRICVS P. F. AVG. Sa tête laurée, à gauche.

℞. VICTORIA AVGG. Victoire marchant à droite, tenant un trophée. (Inédite.) T.B. OR.

672. IMP. C. TETRICVS P. F. AVG. Son buste lauré et cuirassé, à droite.

℞. VIRTVS AVG. La Valeur casquée, assise, à gauche, sur une cuirasse, tenant une branche de laurier et une haste renversée. (N° 202.) F.D.C. OR.

673. IMP. C. TETRICVS P. F. AVG. Son buste lauré et cuirassé, à droite.

℞. VIRTVS AVG. Tétricus lauré, en habit militaire, debout, à gauche, tenant un globe et un *parazonium*; à ses pieds, un captif qui a les mains attachées derrière le dos. (N° 206.) T.B. OR.

SUITE DES EMPEREURS ROMAINS

CLAUDE II

(1021-1023; de J.-C., 268-270.)

674. IMP. C. CLAVDIVS AVG. Sa tête laurée, à droite.

℞. MARTI PACIF. Mars marchant à gauche, tenant un rameau de la main droite, et de la gauche une haste et un bouclier. (Inédite.) T.B. OR.

675. IMP. CLAVDIVS P. F. AVG. Son buste lauré, drapé et cuirassé, à droite.

℞. PAX EXERC. La Paix debout, à gauche, tenant un rameau et un sceptre transversal. (N° 207 var.) T.B. OR.

676. IMP. CLAVDIVS AVG. Son buste lauré, drapé et cuirassé, à droite.

℞. PAX PVBLICA. La Paix assise, à gauche, tenant un rameau d'olivier et un sceptre transversal. (Inédite.) Trouée. OR.

677. IMP. CLAVDIVS AVG. Sa tête laurée, à gauche.

℞. VICTORIA AVG. Victoire debout, de face, regardant à gauche, tenant une couronne et une palme, entre un captif à genoux qui lui tend les mains et un autre captif assis, les mains liées derrière le dos. (N° 296.) Trou rebouché. (Collection d'Amécourt.) F.D.C. OR.

678. IMP. CLAVDIVS P. F. AVG. Son buste lauré, drapé et cuirassé, à droite.

℞. VICTORIA AVG. Victoire marchant à gauche, tenant une couronne et une palme. (N° 300.) F.D.C. OR.

AURÉLIEN

(1023-1028; de J.-C., 270-275.)

679. IMP. C. L. DOM. AVRELIANVS AVG. Son buste lauré, drapé et cuirassé, à droite.

℞. CONCORD. LEGI. La Concorde debout, à gauche, entre quatre enseignes militaires. (N° 21.) (Collection d'Amécourt.) T.B. OR.

680. IMP. C. DOM. AVRELIANVS AVG. Son buste lauré et cuirassé, à droite, avec l'égide.

℞. FIDES MILIT. La Foi debout, à gauche, tenant deux enseignes militaires; à l'exergue, S. (N° 81.) F.D.C. OR.

681. IMP. C. L. DOM. AVRELIANVS AVG. Son buste radié et cuirassé, à droite.

℞. FORTVNA REDVX. La Fortune assise, à gauche, tenant un gouvernail et une corne d'abondance; à côté du siège, une roue. (N° 94 var.) T.B. OR.

682. IMP. C. AVRELIANVS AVG. Son buste lauré et cuirassé, à droite, avec l'égide.

℞. RESTITVTOR ORIENTIS. Le Soleil radié, debout, à gauche, à demi nu, levant la main droite et tenant un globe. (N° 214.) T.B. OR.

683. IMP. AVRELIANVS AVG. Son buste lauré et cuirassé, à droite.

℞. VICTORIA AVG. Victoire marchant à gauche, tenant une couronne et une palme; à ses pieds, un captif assis, les mains liées derrière le dos. (N° 252 var.) F.D.C. OR.

684. IMP. C. L. DOM. AVRELIANVS P. F. AVG. Son buste lauré, drapé et cuirassé, à droite.

℞. VIRTVS AVG. Mars nu, avec le manteau flottant, marchant à droite, portant une haste et un trophée; à terre, à droite, un captif assis, les mains liées derrière le dos. (N° 269.) F.D.C. OR.

685. IMP. C. AVRELIANVS AVG. Son buste lauré et cuirassé, à droite.

℞. VIRTVS ILLYRICI. Mars nu, avec le manteau flottant, marchant à droite, et portant une haste et trophée; à ses pieds, un captif les mains liées derrière le dos. (N° 281 var.) T.B. OR.

686. IMP. C. L. DOM. AVRELIANVS P. F. AVG. Son buste radié et cuirassé, à droite.

℞. ADVENTVS AVG. Aurélien en habit militaire, à cheval, à gauche, levant la main droite et tenant une haste renversée. (N° 2.) Poids, 7 gr. 75 cent. (Collection d'Amécourt.) F.D.C. MÉDAILLON D'OR.

TACITE

(1028-1029; de J.-C., 275-276.)

687. M. CL. TACITVS P. F. AVG. Son buste lauré, à gauche, à mi-corps, combattant avec une haste et portant sur l'épaule gauche une cuirasse ornée de deux têtes, une, de face, et l'autre, de profil.

℞. ROMAE AETERNAE. Rome assise, à gauche, sur un bouclier, tenant une Victoire et un sceptre; à l'exergue, S. C. (N° 116 var.) (Collection d'Amécourt.) F.D.C. OR.

688. IMP. C. M. CLA. TACITVS AVG. Son buste lauré, drapé et cuirassé, à droite.

℞. ROMAE AETERNAE. Rome assise, à gauche, tenant un globe et une haste; à côté du siège, un bouclier. (N° 121 var.) F.D.C. OR.

689. IMP. C. M. CL. TACITVS AVG. Son buste lauré, drapé et cuirassé, à droite.

℞. Même type et même légende, avec S. C. à l'exergue. (N° 116.) F.D.C. OR.

690. IMP. C. M. CL. TACITVS AVG. Son buste lauré et drapé, à droite.

℞. VIRTVS AVG. La Valeur casquée, avec le manteau flottant, marchant à droite, tenant une haste transversale et portant un trophée sur l'épaule. (Inédite.) Grand module. Poids, 6 gr. 40. F.D.C. OR.

FLORIEN

(1029; de J.-C., 276.)

691. IMP. C. FLORIANVS AVG. Son buste lauré, drapé et cuirassé, à droite.

℞. CONSERVATOR AVG. Le Soleil radié, à demi nu, montant dans un quadrige au galop à gauche, tenant un fouet. (N° 17.) (Collection d'Amécourt.) T.B. OR.

PROBUS

(1029-1035; de J.-C., 276-282.)

692. VIRTVS PROBI AVG. Son buste casqué, à gauche; sur le casque, on voit un bige au galop, à gauche, et une tête de bélier.

℞. P. M. TRI. P. COS. III. Probus dans un quadrige au pas, à droite, tenant un sceptre surmonté d'un aigle. (1032; de J.-C., 279.) (N° 453 var.) F.D.C. OR.

693. IMP. C. M. AVR. PROBVS P. AVG. Son buste lauré et cuirassé, à gauche, avec l'égide.

℞. CONSERVAT. AVG. Le Soleil radié, à demi nu, debout, de face, regardant à gauche, levant la main droite et tenant un globe. (N° 178.) F.D.C. OR.

694. PROBVS AVG. Son buste lauré et cuirassé, à droite.

℞. FIDES MILITVM. La Fidélité debout, à gauche, tenant deux enseignes militaires. (Inédite.) F.D.C. OR. Q.

695. PROBVS P. AVG. Son buste lauré et cuirassé, à droite.

℞. MARS VLTOR. Mars en habit militaire, avec le manteau flottant, courant à droite, tenant une haste et un bouclier. (N° 348.) (Collection d'Amécourt.) T.B. OR. Q.

696. IMP. PROBVS AVG. Son buste lauré et drapé, à droite.

℞. PRINCIPIS IVVENTVTI. Probus debout, à droite, tenant une haste et un globe. (N° 462.) T.B. OR.

697. IMP. C. M. AVR. PROBVS AVG. Son buste lauré, drapé et cuirassé, à droite.

℞. SECVRITAS SAECVLI. La Sécurité assise, à gauche, tenant un sceptre et soutenant sa tête de sa main gauche; à l'exergue, SIS. (Inédite.) F.D.C. OR.

698. IMP. C. M. AVR. PROBVS P. AVG. Même buste.

℞. Même revers. (N° 630 var.) Poids, 6 gr. 80. (Collection d'Amécourt.) T.B. OR.

699. IMP. C. M. AVR. PROBVS AVG. Même buste.

℞. SECVRITAS SAECVLI. Même type, mais sans SIS, à l'exergue. (N° 629.) T.B. OR.

700. IMP. PROBVS INV. AVG. Son buste lauré, avec la cuirasse ornée de la tête de Méduse et accolé au buste drapé et radié du Soleil.

℞. SECVRITAS SAECVLI. Même type; à l'exergue, SIS. (N° 632 var.) Trouée. T.B. OR.

701. IMP. PROBVS AVG. Son buste casqué et cuirassé, à gauche, tenant une épée et un bouclier sur lequel sont représentés l'empereur, à cheval, et un captif.

℞. SOLI INVICTO COMITI AVG. Buste radié et drapé du Soleil, à droite. (N° 696.) Poids, 8 gr. 1. B. OR.

702. La même médaille, mais la tête du Soleil, au revers, est bien plus petite. (N° 696.) T.B. OR.

703. IMP. PROBVS AVG. Son buste lauré et cuirassé avec l'égide, à gauche, tenant une épée.

℞. VICTORIA GERM. Trophée entre deux captifs assis, les mains liées derrière le dos. (N° 763.) T.B. OR.

704. IMP. C. M. AVR. PROBVS AVG. Son buste lauré et cuirassé, à gauche.

℞. VICTORIA PROBI AVG. Victoire marchant à droite, tenant une couronne et une palme; à droite, un trophée entre deux captifs assis, les mains liées derrière le dos. (N° 779 var.) (Collection d'Amécourt.) F.D.C. OR.

705. IMP. C. M. AVR. PROBVS AVG. Son buste lauré et drapé, à droite.

℞. VIRTVS PROBI AVG. Probus, en habit militaire, debout, à droite, tenant une haste et un parazonium, et posant le pied sur le dos d'un captif; derrière lui, un autre captif suppliant à genoux. (N° 906.) (Collection d'Amécourt.) T.B. OR.

706. IMP. C. M. AVR. PROBVS AVG. Son buste lauré et cuirassé, à gauche.

℞. VIRTVS PROBI AVG. Même type. (N° 907, inédite en or.) T.B. OR.

707. IMP. C. M. AVR. PROBVS AVG. Son buste lauré et drapé, à droite.

℞. VIRTVTI AVGVSTI. Hercule nu, debout, à droite, posant le revers de sa main droite sur son flanc, et appuyé sur une massue enveloppée de la peau du lion. (N° 943.) T.B. OR.

CARUS

(1035-1036; de J.-C., 282-283.)

708. IMP. C. M. AVR. CARVS P. F. AVG. Son buste lauré, drapé et cuirassé, à droite.

℞. SPES PVBLICA. L'Espérance marchant à gauche, tenant une fleur et relevant sa robe. (N° 76.) Trou parfaitement rebouché. T.B. OR.

709. IMP. C. M. AVR. CARVS P. F. AVG. Son buste lauré, drapé et cuirassé, à gauche.

℞. VICTORIA AVG. Victoire debout, à gauche, sur un globe, tenant une couronne et une palme. (N° 85 var.) T.B. OR.

710. IMP. C. M. AVR CARVS P. F. AVG. Son buste lauré, drapé et cuirassé, à droite.

℞. VIRTVS CARI INVICTI AVG. Hercule nu, debout, à droite, posant le revers de sa main droite sur son flanc, et appuyé sur sa massue enveloppée de la peau de lion et placée sur un rocher; à l'exergue, K. (N° 118.) T.B. OR.

CARUS ET CARIN

711. CARVS AVG. Buste de Carus à mi-corps, lauré, drapé et cuirassé, à gauche, tenant de la main gauche un globe surmonté d'une Victoire, avec une couronne, et de la droite un parazonium.

℞. M. AVR. CARINVS C. Buste de Carus à mi-corps, lauré, drapé et cuirassé, à gauche, tenant un globe surmonté d'une Victoire, avec une couronne. (Inédite.) Trouée. B. OR. Q.

NUMÉRIEN

(1035-1037; de J.-C., 282-284.)

712. IMP. C. NVMERIANVS AVG. Son buste lauré et cuirassé, à droite.

℞. ORIENS AVGG. Le Soleil debout, de face, regardant à gauche, levant la main droite et tenant un globe. (1037; de J.-C., 284.) (N° 34.) (Collection d'Amécourt.) F.D.C. OR.

713. IMP. NVMERIANVS P. F. AVG. Son buste lauré, drapé et cuirassé, à droite.

℞. SALVS AVGG. La Santé assise, à gauche, nourrissant un serpent enlacé autour d'un autel. (N° 86.) F.D.C. OR.

714. IMP. NVMERIANVS AVG. Son buste lauré, drapé et cuirassé, à droite.

℞. VIRTVS AVGG. Hercule nu, debout, à droite, posant la main gauche sur sa hanche, et s'appuyant sur sa massue enveloppée de la peau de lion et placée sur un rocher. (N° 100, var. inédite.) T.B. OR.

CARIN CÉSAR

(1035-1036; de J.-C., 282-283.)

715. M. AVR. CARINVS NOB. CAES. Son buste lauré, drapé et cuirassé, à droite.

℞. PAX AETERNA. La Paix marchant à gauche, tenant une branche d'olivier et un sceptre transversal. (1035; de J.-C., 282.) (N° 62.) F.D.C. OR.

716. M. AVR. CARINVS NOB. CAES. Son buste lauré, drapé et cuirassé, à droite.

℞. VICTORIA CAESARIS. Victoire dans un bige, à gauche, tenant une couronne et une palme; à l'exergue, K. (Inédit.) F.D.C. OR.

CARIN EMPEREUR

(1036-1038; de J.-C., 283-285.)

717. IMP. C. CARINVS P. F. AVG. Son buste lauré et cuirassé, à droite.

℞. CONCORDIA AVG. La Concorde assise, à gauche, tenant une patère et une corne d'abondance. (N° 22.) F.D.C. OR.

718. IMP. CARINVS P. F. AVG. Son buste lauré, drapé et cuirassé, à droite.

℞. VENERI VICTRICI. Vénus debout, à gauche, tenant une Victoire et une pomme. (N° 131 var.) F.D.C. OR.

719. IMP. CARINVS P. F. AVG. Son buste lauré et cuirassé, à droite.

℞. VIRTVS AVG. Hercule nu, debout, à droite, posant le revers de sa main droite sur sa hanche, et s'appuyant sur sa massue placée sur un rocher, et enveloppée de la peau de lion. (N° 160.) F.D.C. OR.

MAGNIA URBICA (Femme de Carin).

720. MAGNIA VRBICA AVG. Son buste diadémé, à droite.

℞. PVDICITIA AVG. La Pudeur assise, à gauche, se couvrant le visage de son voile, et tenant un sceptre. (N° 5.) T.B. OR.

721. MAGNIA VRBICA AVG. Son buste diadémé, à droite.

℞. VENERI VICTRICI. Vénus diadémée, debout, à droite, relevant la draperie de sa robe sur son épaule droite, et tenant un globe. (N° 8.) (Collection d'Amécourt.) F.D.C. OR.

JULIEN

(1037-1038; de J.-C., 284-285.)

722. IMP. C. IVLIANVS P. F. AVG. Son buste lauré, drapé et cuirassé, à droite.

℞. LIBERTAS PVBLICA. La Liberté debout, à gauche, tenant un bonnet et une corne d'abondance; dans le champ, une étoile. (N° 3.) F.D.C. OR.

TÉTRARCHIE

DIOCLÉTIEN

(1037-1058; de J.-C., 284-305.)

723. DIOCLETIANVS AVG. COS. IIII. P. P. Son buste lauré, à gauche, avec le manteau impérial, tenant un sceptre surmonté d'un aigle.

℞. IOVI VLTORI. Jupiter nu, debout, à gauche, avec le manteau sur l'épaule, tenant un foudre et un sceptre; à ses pieds, un aigle; dans le champ, Σ; à l'exergue, SMA. (1043; de J.-C., 290.) (N° 309.) (Collection d'Amécourt.) F.D.C. OR.

Monnaies sans dates certaines.

724. DIOCLETIANVS AVGVSTVS. Sa tête laurée, à gauche.

℞. CONCORDIAE AVGG. NN. Dioclétien et Maximien assis, à gauche, tenant chacun un globe et un parazonium, et couronnés par une Victoire qui est debout entre eux. (Depuis 1039; de J.-C., 286.) (N° 38.) T.B. OR.

725. DIOCLETIANVS AVGVSTVS. Sa tête laurée, à droite.

℞. CONSVL V. P. P. PROCOS. Etoile. Dioclétien lauré, debout, à gauche, tenant un globe; à l'exergue, SMAΣ. (N° 49.) T.B. OR.

726. IMP. C. C. VAL. DIOCLETIANVS P. F. AVG. Son buste lauré, drapé et cuirassé, à droite.

℞. FATIS VICTRICIBVS. Trois Fortunes debout, tenant chacune une corne d'abondance; celle qui est à gauche se tourne à droite et tient un gouvernail en même temps que celle qui est au milieu et qui se tourne de son côté; celle qui est placée à droite se tourne à gauche et s'appuie sur un gouvernail; à l'exergue, S. C. (N° 57.) T.B. OR.

727. IMP. C. C. VAL. DIOCLETIANVS P. F. AVG. Son buste lauré, drapé et cuirassé, à droite.

℞. IOVI CONSERVAT. AVGG. Jupiter nu, debout, à gauche, avec le manteau déployé derrière lui, tenant un foudre et un sceptre. (N° 216.) T.B. OR.

728. DIOCLETIANVS P. F. AVG. Sa tête laurée, à droite.

℞. IOVI CONSERVAT. AVGG. Même type; à l'exergue, PROM. (N° 221 var.) (Collection d'Amécourt.) F.D.Ç. OR.

729. DIOCLETIANVS P. F. AVG. Son buste lauré, drapé et cuirassé, à droite.

℞. IOVI CONSERVATORI. Jupiter à demi nu, assis, à gauche, tenant un foudre et un sceptre; à ses pieds, un aigle tenant une couronne en son bec; à l'exergue, PR. (N° 266.) F.D.C. OR.

730. IMP. C. C. VAL. DIOCLETIANVS P. F. AVG. Son buste lauré, drapé et cuirassé, à droite.

℞. IOVI CONSERVATORI AVG. Jupiter nu, debout, à gauche, le manteau déployé derrière lui, tenant un foudre et un sceptre; dans le champ, à gauche, une couronne, et à l'exergue, SMA et une étoile. (N° 272 var.) T.B. OR.

731. DIOCLETIANVS P. F. AVG. Sa tête laurée, à droite.

℞. IOVI CONSERVATORI. Jupiter nu, debout, à gauche, le manteau déployé, tenant un foudre et un sceptre; à l'exergue, SMN. (Inédite.) T.B. OR.

732. IMP. C. C. VAL DIOCLETIANVS P. F. AVG. Son buste lauré et drapé, à droite.

℞. IOVI FVLGERATORI. Jupiter nu, courant à droite; il tient un foudre et porte le manteau flottant sur le bras gauche; devant lui, un géant à genoux; à l'exergue, P.R. (286, var. inédite.) F.D.C. OR.

733. DIOCLETIANVS P. F. AVG. Sa tête laurée, à droite.

℞. IOVI TVTAT. AVGG. Jupiter nu, debout, à droite, tenant un sceptre de la main droite et le foudre, et son manteau sur le bras gauche; à l'exergue, PT. (Inédite.) T.B. OR.

734. DIOCLETIANVS P. F. AVG. Sa tête laurée, à droite.

℞. IOVI VICTORI. Jupiter marchant à gauche et regardant derrière lui, tenant un foudre et un aigle; à l'exergue, PT. (N° 303.) (Collection d'Amécourt.) T.B. OR.

735. DIOCLETIANVS AVGVSTVS. Sa tête laurée, à droite.

℞. IOVI VICTORI. Jupiter nu, debout, à gauche, le manteau déployé derrière lui, tenant un globe surmonté d'une Victoire et un sceptre; à l'exergue, une étoile et SIS. (N° 307.) T.B. OR.

736. IMP. C. C. VAL. DIOCLETIANVS AVG. Son buste lauré et drapé, à droite.

℞. ORIENS AVG. Le Soleil marchant à gauche, levant la main droite et tenant un fouet. (N° 349.) T.B. OR.

737. DIOCLETIANVS AVG. Sa tête laurée, à droite.

℞. SECVRITAS ORBIS. La Sécurité debout, à droite, les jambes croisées, posant la main droite sur sa tête et accoudée à une colonne; à l'exergue, TR. (N° 456.) (Collection d'Amécourt.) B. OR.

738. DIOCLETIANVS AVG. Sa tête laurée, à droite.

℞. VIRTVS AVGG. Hercule nu, debout, à droite, posant le genou sur un cerf terrassé qu'il saisit par les cornes; à l'exergue, TR. (Depuis 1039; de J.-C., 286.) (N° 506.) (Collection d'Amécourt.) F.D.C. OR.

739. DIOCLETIANVS P. F. AVG. Même tête.

℞. VOT. XX. AVGG. en trois lignes dans une couronne au bas de laquelle est un aigle éployé. (N° 540.) F.D.C. OR.

740. Même tête et même légende.

℞. VOT. XX. SIC XXX. en quatre lignes dans une couronne de laurier. (N° 545.) (Collection d'Amécourt.) T.B. OR.

741. DIOCLETIANVS AVGVSTVS. Sa tête laurée, à droite.

℞. XX. DIOCLETIANI AVG. SMN. en cinq lignes au milieu d'une couronne de laurier. (N° 549.) T.B. OR.

DIOCLÉTIEN ET MAXIMIEN HERCULE

742. IMP. C. C. VAL. DIOCLETIANVS P. F. AVG. Son buste lauré et drapé, à droite.

℞. IMP. C. MAXIMIANVS AVG. Buste de Maximien Hercule lauré, à gauche, revêtu de la peau de lion et tenant une massue. (N° 5.) Trou parfaitement rebouché. T.B. OR.

MAXIMIEN HERCULE CÉSAR

(1038-1039; de J.-C., 285-286.)

743. MAXIMIANVS NOB. CAES. Son buste lauré et drapé, à droite.

℞. VIRTVS AVGG. Hercule nu, debout, à droite, tenant de la main droite sa massue, et de la gauche un arc; la peau du lion est suspendue sur son bras; à l'exergue, PR. (Inédite.) T.B. OR. Q.

MAXIMIEN HERCULE EMPEREUR

(Première période du règne. 1039-1058; de J.-C., 286-305.)

744. MAXIMIANVS AVGVSTVS. Sa tête laurée, à gauche.

℞. P. M. TR. P. P. P. Maximien, en habit militaire, debout, à gauche, entre quatre enseignes militaires, tenant une haste. (1039; de J.-C., 286.) (N° 467 var.) Trou rebouché. (Collection d'Amécourt.) T.B. OR.

745. Même légende. Sa tête laurée, à droite.

℞. CONSVL V. P. P. PROCOS. Maximien lauré et en toge, debout, à gauche, tenant un globe et un sceptre; à l'exergue, SMAZ et étoile. (1052; de J.-C., 299.) (N° 82 var.) F.D.C. OR.

Monnaies sans dates certaines.

746. MAXIMIANVS AVG. Sa tête laurée, à droite.

℞. COMITATVS AVGG. Maximien et Dioclétien courant à cheval, à gauche, et levant la main droite; celui de devant tient un sceptre; à l'exergue, P.R. (N° 39, var. inédite.) F.D.C. OR.

747. MAXIMIANVS P. P. AVG. Sa tête laurée, à droite.

℞. FELICITAS AVGG. NOSTR. La Félicité assise, à gauche, tenant un caducée et une corne d'abondance; à l'exergue, SMT. (N° 100.) F.D.C. OR.

748. MAXIMIANVS AVG. Sa tête laurée, à droite.

℞. HERCVLI CON. AVSS. Hercule nu, debout, de face, regardant à droite, appuyé sur sa massue, et tenant quatre pommes; il porte la dépouille du lion sur le bras gauche; dans le champ, une étoile; à l'exergue, ALE. (N° 233.) (Collection d'Amécourt.) T.B. OR.

749. MAXIMIANVS P. F. AVG. Sa tête laurée, à droite.

℞. HERCVLI DEBELLAT. Hercule nu, à gauche, assommant l'hydre avec la massue qu'il tient de la main droite, tandis qu'il en saisit une des têtes de la main gauche; à l'exergue, PT. (N° 255.) F.D.C. OR.

750. MAXIMIANVS AVGVSTVS. Sa tête laurée, à droite.

℞. HERCVLI VICTORI. Hercule nu, debout, à droite, appuyé sur sa massue et tenant quatre pommes; la peau du lion est suspendue à son bras gauche; à l'exergue, un point et SMN. (Var. inédite du n° 294.) Trouée. T.B. OR.

751. MAXIMIANVS P. F. AVG. Son buste lauré, drapé et cuirassé, à droite.

℞. HERCVLI VICTORI. Hercule nu, de face, assis sur un rocher, ayant à sa droite une massue, et à sa gauche un carquois et un arc; à l'exergue, PR. (N° 306.) T.B. OR.

752. IMP. C. M. AVR. VAL. MAXIMIANVS P. F. AVG. Son buste radié et cuirassé, à droite.

℞. IOVI CONSERVAT. AVGG. Jupiter nu, debout, à gauche, le manteau sur l'épaule gauche, tenant un foudre et un sceptre; à l'exergue, SMT. (Inédite.) F.D.C. OR.

753. MAXIMIANVS P. F. AVG. Sa tête laurée, à droite.

℞. IOVI CONSERVATORI AVGG. ET CAESS. N. N. Jupiter nu, debout, à gauche, le manteau déployé derrière lui, tenant un foudre et un sceptre; à l'exergue, TR. (N° 373.) T.B. OR.

754. MAXIMIANVS AVGVSTVS. Sa tête laurée, à droite.

℞. IOVI CONSERVATORI NK. (en monogramme). Jupiter nu, debout, à gauche, le manteau déployé derrière lui, tenant un foudre et un sceptre; à l'exergue, SMN. (N° 374.) T.B. OR.

755. MAXIMIANVS AVGVSTVS. Sa tête laurée, à droite.

℞. IOVI CONSERVATORI NK. LYXC. Même type; à l'exergue, SMN. (N° 375 var.) T.B. OR.

756. MAXIMIANVS P. F. AVG. Sa tête laurée, à droite.

℞. VIRTVS AVGG. Hercule nu, debout, à droite, étouffant un lion; derrière, une massue; à l'exergue, PR. (N° 587.) T.B. OR.

757. MAXIMIANVS P. F. AVG. Sa tête laurée, à droite.

℞. VIRTVS AVGG. Hercule nu, debout, à droite, mettant le genou gauche sur la croupe d'un cerf qu'il renverse et saisit par les andouillers; derrière, une massue; à l'exergue, PR. (N° 595.) (Collection d'Amécourt.) F.D.C. OR.

758. MAXIMIANVS P. F. AVG. Sa tête laurée, à droite.

℞. VIRTVS MILITVM. Porte de camp sans battants, surmontée de trois tours; sur le second plan, deux tourelles entre deux tours; à l'exergue, PR. (N° 626.) F.D.C. OR.

759. MAXIMIANVS AVGVSTVS. Sa tête laurée, à droite.

℞. XX. MAXIMIANI AVG. SMN. en cinq lignes, dans une couronne de laurier; au-dessus, NK. (en monogramme.) (N° 704, var. inédite.) B. OR.

ALLECTUS

(1047-1050; de J.-C., 294-297.)

760. IMP. C. ALLECTVS P. F. AVG. Son buste lauré, drapé et cuirassé, à droite.

℞. PAX AVG. La Paix debout, à gauche, tenant une branche d'olivier et un sceptre; dans le champ, à gauche, D, et à l'exergue, ML. (N° 30 var.) (Collection Du Chastel.) F.D.C. OR.

CONSTANCE CHLORE CÉSAR

(1045-1057; de J.-C., 292-304.)

761. CONSTANTIVS N. C. Sa tête laurée, à droite.

℞. COMES AVGG. Pallas debout, à droite, tenant un sceptre et s'appuyant sur un bouclier; à l'exergue, P.T. (Inédite.) Trou rebouché. T.B. OR.

762. CONSTANTIVS CAES. Sa tête laurée, à droite.

℞. COMITES AVGG. ET CAESS. NNNN. Les Dioscures debout, s'appuyant sur leurs hastes; celui de droite est drapé, de face, et celui de gauche drapé, de profil, leurs têtes surmontées de deux étoiles; à l'exergue, AQ. (N° 14.) B. OR.

763. CONSTANTIVS NOB. C. Sa tête laurée, à droite.

℞. FIDES MILITVM. La Foi debout, à droite, tenant deux enseignes militaires. (Inédite.) Trouée. T.B. OR.

764. CONSTANTIVS NOB. CAES. Sa tête laurée, à droite.

℞. HERCVLI CONS. CAES. Étoile. Hercule nu, debout, de face, regardant à gauche, appuyé sur sa massue et tenant trois pommes; il a la peau de lion suspendue au bras gauche; à l'exergue, SMAΣ. (N° 145.) T.B. OR.

765. CONSTANTIVS NOB. C. Sa tête laurée, à droite.

℞. VIRTVS HERCVLI CAESARIS. Constance en habit militaire, à cheval, à droite, au pas, tenant une haste en arrêt; à l'exergue, TR. (N° 306.) T.B. OR.

766. CONSTANTIVS AVGVSTVS. Sa tête laurée, à droite.

℞. X CONSTANTI AVG. SMN. en cinq lignes, dans une couronne; dans le nœud de la couronne, le monogramme NK. (Inédite.) OR.

HÉLÈNE (Femme de Constance Chlore).

767. FL. HELENA AVGVSTA. Son buste drapé, à droite, avec un diadème orné de perles et un collier formé de deux rangs de perles.

℞. SECVRITAS REIPVBLICE. La Sécurité (ou Hélène) voilée, debout, à gauche, tenant un rameau baissé et soutenant sa robe; à l'exergue, SMNΓ. (N° 11 var.) T.B. OR.

768. FL. HELENA AVGVSTA. Son buste diadémé et drapé, avec un collier formé de deux rangs de perles.

℞. SECVRITAS REIPVBLICE (*sic*). La Sécurité (ou Hélène) voilée, debout, à gauche, tenant une branche d'olivier baissée et soutenant sa robe; à l'exergue, SMT. (N° 10.) Mod. 7. Poids, 8 gr. 80. Unique. (Collection d'Amécourt.) F.D.C. MÉDAILLON D'OR.

GALÈRE MAXIMIEN CÉSAR

(1045-1057; de J.-C., 292-304.)

769 MAXIMIANVS NOB. CAES. Sa tête laurée, à droite.

℞. IOVI CONS. CAES. Étoile. Jupiter nu, debout, à gauche, le manteau déployé derrière lui, tenant un foudre et un sceptre; à ses pieds, un aigle; dans le champ, à gauche, une étoile; à l'exergue, SMAΣ. (Inédite.) F.D.C. OR.

770. D. N. MAXIMIANO NOB. C. Sa tête laurée, à droite.

℞. PRINCIPI IVVENTVT. Galère Maximien nu-tête, en habit militaire, debout, à droite, le manteau sur le bras gauche, tenant une haste transversale et un globe; à l'exergue, PROM. (N° 176 var.) T.B. OR.

771. IMP. C. MAXIMIANVS P. F. AVG. Son buste lauré et drapé, à droite.

℞. IOVI CONSERVATORI. Jupiter debout, à gauche, tenant un globe surmonté d'une Victoire et un sceptre; dans le champ, à droite, Γ, et à l'exergue, ALE. (Inédite.) Mod. 7. Poids, 10 gr. 6 1/2. MÉDAILLON D'OR.

772. MAXIMIANVS CAESAR. Sa tête laurée, à droite.

℞. SOLI INVICTO. Buste radié et drapé du Soleil, à droite. (N° 11.)

Mod. 5. Poids, 6 gr. 50. Trouée. (Collection d'Amécourt.) T.B. MÉDAILLON D'OR.

VALÉRIE (Femme de Galère Maximien).

773. GAL. VALERIA AVG. Son buste diadémé et drapé, à droite.

℞. VENERI VICTRICI. Vénus debout, à gauche, tenant une pomme et soulevant son voile; à l'exergue, SMN. (N° 1.) T.B. OR.

774. Même légende. Son buste diadémé et drapé, à droite, avec le croissant.

℞. Même revers; à l'exergue, SIS. (N° 4.) F.D.C. OR.

SÉVÈRE II

(1058-1060; de J.-C., 305-307.)

775. SEVERVS AVGVSTVS. Sa tête laurée, à droite.

℞. HERCVLI VICTORI NK. (en monogramme). Hercule nu, debout, à droite, appuyé sur sa massue, et tenant de la main gauche la peau de lion et cinq pommes; à l'exergue, SMN. (N° 50.) Trou rebouché. B. OR.

MAXIMIN II DAZA CÉSAR

(1058-1060; de J.-C., 305-307.)

776. MAXIMINVS NOB. CAES. Sa tête laurée, à droite.

℞. PRINCIPI IVVENTVTIS. Maximin en habit militaire, debout, à gauche, tenant un globe et un sceptre long; derrière lui, deux enseignes militaires; dans le champ, Σ et croissant; à l'exergue, SM. SD. (N° 142.) (Collection d'Amécourt.) T.B. OR.

777. Même tête et même légende.

℞. SOLE INVICTO. Le Soleil radié, en tunique, debout, à gauche, levant la main droite et tenant la tête de Sérapis; dans le champ, Δ; à l'exergue, ALE. (N° 155.) T.B. OR.

778. MAXIMINVS CAESAR. Même tête.

℞. SOLI INVICTO NK. (en monogramme.) Le Soleil radié, nu, debout, de face, regardant à droite, le manteau déployé derrière lui, levant la main droite et tenant un globe et un fouet; à l'exergue, SMN. (163 var.) (Collection d'Amécourt.) F.D.C. OR.

779. MAXIMINVS NOB. CAES. Sa tête laurée, à droite.

℞. SOLI INVICTO NK. (en monogramme). Le Soleil radié, debout, de face, regardant à droite, avec le manteau déployé derrière lui et couvrant les épaules, levant la main droite et tenant un fouet; à l'exergue, SMN. (N° 165 var.) T.B. OR.

MAXIMIN II EMPEREUR

(1061-1066; de J.-C., 398-313.)

780. MAXIMINVS AVGVSTVS. Sa tête laurée, à droite.

℞. IOVI CONSERVATORI AVGG. Jupiter nu, debout, à gauche, avec le manteau sur l'épaule, tenant un foudre et un sceptre; à ses pieds, un aigle tenant une couronne en son bec; dans le champ, Ꮓ; à l'exergue, SMTS. (N° 122.) F.D.C. OR.

781. MAXIMINVS P. F. AVG. Même tête.

℞. SOLE INVICTO. Le Soleil radié, en tunique, debout, à gauche, levant la main droite et tenant la tête de Sérapis; à l'exergue, SMAZ, entre un croissant et une étoile. (N° 154 var.) (Collection d'Amécourt.) T.B. OR.

782. MAXIMINVS P. F. AVG. Sa tête laurée, à droite.

℞. X. MAXIMINI AVG. SMA. en cinq lignes, dans une couronne de laurier. (N° 222.) T.B. OR.

MAXENCE

(1059-1065; de J.-C., 306-312.)

783. MAXENTIVS PRINC. INVICT. Sa tête laurée, à droite.

℞. MARTI CONSERV. AVGG. ET CAESS. N.N. Mars marchant à droite, tenant une haste et un bouclier; à l'exergue, PR. (N° 89.) T.B. OR.

LICINIUS PÈRE

(1060-1076; de J.-C., 307-323.)

784. LICINIVS P. F. AVG. Sa tête laurée, à droite.

℞. CONSVL P. P. PROCONSVL. Licinius lauré et en toge, debout, à gauche, tenant un globe et un sceptre court; dans le champ, à droite, ISINT. (NT en monogramme) et, à gauche, une étoile au-dessus d'un croissant; à l'exergue, ANT. (1068-1071; de J.-C., 315-318.) (N° 9.) (Collection d'Amécourt.) T.B. OR.

785. LICINIVS P. F. AVG. Sa tête laurée, à droite.

℞. IOVI CONSERVATORI. Jupiter debout, à gauche, le manteau déployé derrière lui, tenant une Victoire sur un globe; à ses pieds, un aigle; à l'exergue, ALE. (N° 62 var.) F.D.C. OR.

786. LICINIVS AVGVSTVS. Sa tête laurée, à droite.

℞. IOVI CONSERVATORI AVGG. Jupiter nu, debout, à gauche, le manteau sur l'épaule, tenant un globe surmonté d'une Victoire et un sceptre; à ses pieds, un aigle qui tient en son bec une couronne; dans le champ, N.; à l'exergue, SER. (N° 106.) F.D.C. OR.

787. LICINIVS AVG. OBDV. FILII SVI. Son buste nu-tête et drapé, de face.

℞. IOVI CONS. LICINI AVG. Jupiter assis, de face, sur un cippe, tenant une Victoire et un sceptre; à ses pieds, un aigle qui tient une couronne en son bec; sur la base, SIC X. SIC XX. et, à l'exergue, SMNЄ. (N° 128.) F.D.C. OR.

788. LICINIVS AVGVSTVS. Sa tête laurée, à droite.

℞. Même revers, mais Jupiter assis, à gauche; à l'exergue, SMNΔ. (N° 130, var. inédite.) F.D.C. OR.

789. LICINIVS AVGVSTVS. Sa tête laurée, à droite.

℞. IOVI CONS. LICINI AVG. Jupiter nu, debout, à gauche, sur un cippe, le manteau sur l'épaule gauche, tenant une Victoire sur un globe et un sceptre; à ses pieds, un aigle qui tient en son bec une couronne; sur la cippe on lit, SIC X. SIC XX; à l'exergue, SMNЄ. (N° 131 var.) F.D.C. OR.

790. LICINIVS P. F. AVG. Sa tête laurée, à droite.

℞. VBIQVE VICTORES. Licinius lauré, en habit militaire, le manteau déployé derrière lui, debout, à droite, tenant une haste transversale et un globe; de chaque côté, un captif assis à terre, dans l'attitude de la tristesse; à l'exergue, PTR. (N° 167 var.) (Collection d'Amécourt.) F.D.C. OR.

791. LICINIVS AVG. Son buste lauré et cuirassé, à droite.

℞. VICTORIAE LAETAE PRINC. PERP. Deux Victoires debout, posant sur un cippe un bouclier sur lequel on lit : VOT. X.; à l'exergue, PR. (N° 175.) (Collection d'Amécourt.) T.B. OR.

792. LICINIVS AVGVSTVS. Sa tête laurée, à droite.

℞. VOTIS V. MVLTIS X. Victoire debout, à droite, tenant un bouclier posé sur un cippe; sur le bouclier, VICTORIA AVG.; à l'exergue, SMN.; dans le champ, une étoile et deux points. (N° 204 var.) T.B. OR.

793. LICINIVS P. F. AVG. Sa tête laurée, à droite.

℞. VOTIS V. MVLTIS X. Victoire marchant à droite, et posant sur un cippe un bouclier sur lequel on lit : VICTORIA AVG.; à l'exergue, SMAΣ. (N° 205.) F.D.C. OR.

LICINIUS FILS CÉSAR

(1070-1079 ; de J.-C., 317-326.)

794. D. N. VAL. LICIN. LICINIVS NOB. C. Son buste, de face, nu-tête et drapé.

℞. IOVI CONSERVATORI CAES. Jupiter à demi nu, assis, de face, sur un cippe, tenant un globe surmonté d'une Victoire et un sceptre; à ses pieds, un aigle qui tient en son bec une couronne; sur la base, SIC V. SIC X.; à l'exergue, SMNΔ. (N° 28.) F.D.C. OR.

CONSTANTIN Ier CÉSAR

(1059; de J.-C., 306.)

795. CONSTANTINVS NOB. C. Sa tête laurée, à droite.

℞. PRINCIPI IVVENTVT. Constantin debout, à gauche, en habit militaire, tenant une enseigne et un sceptre; à l'exergue, PR. (N° 405.) Petit module. F.D.C. OR.

CONSTANTIN Ier EMPEREUR

(1059-1090; de J.-C., 306-337.)

796. CONSTANTINVS P. F. AVG. Sa tête laurée, à droite.

℞. ADVENTVS AVGVSTI N. Constantin en habit militaire, à cheval, à gauche, levant la main droite et tenant une haste; à l'exergue, AQ. (N° 11.) F.D.C. OR.

797. CONSTANTINVS P. F. AVG. Sa tête laurée, à droite.

℞. CLARITAS REIPVBLICAE. Le Soleil radié, à demi nu, debout, regardant à gauche, levant la main droite et tenant un globe; à ses côtés, une petite figure à genoux tendant les mains; à l'exergue, SMTS. (N° 35.) T.B. OR.

798. Sans légende. Tête diadémée de Constantin Ier, à droite.

℞. CONSTANTINVS AVG. Victoire assise, à gauche, tenant une Victoire et une corne d'abondance; derrière elle, un bouclier; à l'exergue, SMTSЄ. (N° 102.) (Collection d'Amécourt.) F.D.C. OR.

799. Même tête.

℞. CONSTANTINVS AVG. Deux couronnes de laurier entrelacées; au-dessus, une étoile; à l'exergue, SMT. (N° 105.) (Collection d'Amécourt.) T.B. OR.

800. CONSTANTINVS P. F. AVG. Sa tête laurée, à droite.

℞. FELICITAS REIPVBLICAE. Constantin assis, à gauche, sur une estrade, ayant près de lui le préfet du prétoire et une autre figure debout; au pied de l'estrade, trois hommes suppliant à genoux; à l'exergue, PTR. (N° 148.) Petit module. (Collection d'Amécourt.) F.D.C. OR.

801. CONSTANTINVS P. F. AVG. Sa tête laurée, à droite.

℞. FELIX PROCESSVS COS. IIIII. AVG. N. Constantin debout, à gauche, en toge, tenant un globe et un bâton d'ivoire; à l'exergue, AQ. (Inédite.) Trouée. T.B. OR.

802. CONSTANTINVS P. F. AVG. Sa tête très grosse, laurée, à droite.

℞. IOVI CONSERVATORI AVGG. Jupiter nu, debout, à gauche, le manteau sur l'épaule, tenant un globe surmonté d'une Victoire et un sceptre; à ses pieds, un aigle tenant une couronne en son bec; dans le champ, N.; à l'exergue, SER. (N° 294.) (Collection d'Amécourt.) F.D.C. OR.

803. CONSTANTINVS P. F. AVG. Sa tête laurée, à droite.

℞. PAX AETERNA AVG. N. Deux femmes dont une est tourelée, à droite, venant présenter chacune une couronne à Constantin debout, en toge, à gauche; à l'exergue, PTR. (N° 381.) (Collection d'Amécourt.) T.B. OR.

804. Même tête et même légende.

℞. P. M. TRIB. P. COS. IIII. P. P. PRO. COS. Constantin assis, à gauche, sur une chaise curule, tenant un globe et un sceptre court; à l'exergue, PTR. (1068; de J.-C., 315.) (N° 398.) (Collection d'Amécourt.) T.B. OR.

805. CONSTANTINVS P. F. AVG. Sa tête laurée, à droite.

℞. PRINCIPI IVVENTVTIS. Constantin lauré, debout, à droite, tenant une haste transversale et un globe; à l'exergue, PTR. (N° 412.) Petit module. T.B. OR.

806. Même tête et même légende.

℞. RESTITVTORI LIBERTATIS. Constantin en habit militaire, debout, à gauche, tenant un sceptre court et recevant un globe des mains de Rome assise, à droite, sur un fauteuil et tenant un sceptre; à l'exergue, PTR. (N° 466.) (Collection d'Amécourt.) T.B. OR.

807. Même tête et même légende.

℞. SECVRITAS REIPVBLICAE. La Sécurité debout, à droite, les jambes croisées, posant la main droite sur sa tête et appuyée sur une colonne; à l'exergue, PTR. (N° 497.) (Collection d'Amécourt.) F.D.C. OR.

808. CONSTANTINVS P. F. AVG. Sa tête laurée, à droite.

℞. SOLI COMITI AVG. N. Le Soleil radié, à demi nu, debout, à droite, présentant un globe surmonté d'une Victoire à Constantin debout, en toge; entre eux, un captif à genoux, tendant les mains à l'empereur; à l'exergue, SMT. (N° 504.) T.B. OR.

809. Même tête et même légende.

℞. SOLI INVICTO AETERNO AVG. Constantin (ou le Soleil) radié, debout, de face, dans un quadrige, de face, levant la main droite et couronné par la Victoire qui tient une palme; à l'exergue, SMT. (N° 510.) Petit module. (Collection d'Amécourt.) T.B. OR.

810. Même tête et même légende.

℞. VBIQVE VICTOR. Constantin lauré, en habit militaire, debout, à droite, tenant une haste transversale et un globe entre deux captifs assis à terre; à l'exergue, PTR. (N° 565.) Petit module. F.D.C. OR.

811. CONSTANTINVS P. F. AVG. Sa tête laurée, à droite.

℞. VICTOR OMNIVM GENTIVM. Constantin lauré, en habit militaire, debout, à gauche, tenant une enseigne militaire, et appuyé sur un bouclier; devant lui, à ses pieds, deux captifs à genoux suppliant; derrière lui, un captif assis dans l'attitude de la tristesse; à l'exergue, PTR. (N° 574.) TB. OR.

812. CONSTANTINVS MAX. AVG. Son buste diadémé et drapé, à droite.

℞. VICTOR OMNIVM GENTIVM. Type semblable au précédent; à l'exergue, SMA. (N° 575 var.) F.D.C. OR.

813. Même buste et même légende.

℞. VICTORIA CONSTANTINI AVG. Victoire marchant à gauche, tenant un trophée et une palme; à l'exergue, MTS. (N° 603.) T.B. OR.

814. Même légende, buste diadémé et drapé, à droite.

℞. VICTORIA CONSTANTINI AVG. Même type; mais, dans le champ, VOT. XXX. en deux lignes; à l'exergue, SMAN. (N° 604.) T.B. OR.

815. CONSTANTINVS P. F. AVG. Sa tête laurée, à droite.

℞. VICTORIA CONSTANTINI AVG. Victoire marchant à droite, tenant une couronne et une palme, entre deux captifs assis à terre, les mains liées derrière le dos; à l'exergue, PTR. (N° 609.) T.B. OR.

816. D. N. CONSTANTINVS P. F. AVG. Son buste lauré et cuirassé, à droite.

℞. VICTORIA CONSTANTINI AVG. Victoire assise, à droite, sur une cuirasse, et écrivant VOT. XX. sur un bouclier que lui présente un génie; à l'exergue, THES. (N° 614 var.) F.D.C. OR. Q.

817. CONSTANTINVS MAX. AVG. Son buste diadémé et drapé, à droite.

℞. VICTORIA CONSTANTINI AVG. Victoire assise, à droite, sur une cuirasse et un bouclier, et écrivant VOT. XXX. sur un bouclier que lui présente un génie; à l'exergue, SMAQ. (N° 615 var.) F.D.C. OR.

818. CONSTANTINVS MAX. AVG. Son buste diadémé et drapé, à droite.

℞. Même revers, avec VOT. XXX. sur le bouclier, et à l'exergue, CONS. (N° 616 var.) (Collection d'Amécourt.) T.B. OR. Q.

819. CONSTANTINVS AVG. Même buste.

℞. Même type et même légende; à l'exergue, SIS. (N° 616 var.) T.B. OR. Q.

820. Sans légende. Sa tête diadémée, à droite.

℞. Même type et même légende; à l'exergue, SMNR. (N° 617.) T.B. OR.

821. CONSTANTINVS AVG. Son buste casqué et cuirassé, à droite.

℞. VICTORIAE LAETAE PRINC. PERP. Deux Victoires debout, posant un bouclier sur un cippe; celle qui est tournée à droite écrit dessus VOT. X.; à l'exergue, PR. (N° 641.) Petit module. F.D.C. OR.

822. CONSTANTINVS P. F. AVG. Sa tête laurée, à droite.

℞. VICTORIB. AVGG. ET CAESS. NN. Victoire assise, à droite, sur une cuirasse et un bouclier, tenant un bouclier sur lequel on lit VOT. XX.; devant elle, un trophée au pied duquel est un barbare assis, à droite, et retournant la tête; à l'exergue, SMNP. (N° 649 var.) (Collection d'Amécourt.) F.D.C. OR.

823. CONSTANTINVS P. F. AVG. Sa tête laurée, à droite.

℞. VIRTVS EXERCITVS GALL. Mars nu, le manteau flottant, marchant à droite, portant une haste et un trophée, entre deux captifs assis à terre; à l'exergue, SMTS. (N° 702.) T.B. OR.

824. Même tête et même légende.

℞. VIRTVS EXERCITVS GALL. Mars casqué, nu, le manteau flottant, marchant à droite, portant une haste transversale et un trophée; à l'exergue, PTR. (N° 704.) Petit module. F.D.C. OR.

825. Sans légende. Tête diadémée de Constantin, à droite.

℞. CONSTANTINVS AVG. Constantin lauré et en habit militaire, debout, à gauche, tenant un étendard et un sceptre court; à l'exergue, RT. (N° 103.) Mod. 6. Poids, 7 gr. 50. (Collection d'Amécourt.) T.B. MÉDAILLON D'OR.

826. IMP. CONSTANTINVS MAX. AVG. Son buste lauré, drapé et cuirassé, à droite.

℞. DEBELLATORI GENTIVM BARBARARVM. Soldat casqué, marchant à droite, tenant par les cheveux un barbare qu'il conduit vers Constantin, en habit militaire, debout, à gauche, qui porte le bras en avant pour le recevoir; à l'exergue, PTR. (N° 117.) Mod. 6 1/2. Poids, 8 gr. 85. (Collection d'Amécourt.) F.D.C. MÉDAILLON D'OR.

827. Sans légende. Tête diadémée de Constantin Ier, à droite.

℞. GLORIA CONSTANTINI AVG. Constantin casqué, en habit militaire, marchant à droite, traînant un barbare par les cheveux, portant un trophée et frappant du pied un captif barbu assis à terre, les mains liées derrière le dos et tournant la tête vers lui; à l'exergue, SIS. (N° 237.) Mod. 6. Poids, 6 gr. 60. (Collection d'Amécourt.) F.D.C. MÉDAILLON D'OR.

828. Sans légende. Tête diadémée de Constantin Ier, à droite.

℞. GLORIA CONSTANTINI AVG. Diane? debout, à gauche, le pied posé sur un captif, tenant un globe surmonté d'une Victoire et une haste; derrière elle, un autre captif, les mains liées derrière le dos; dans le champ, S, et à l'exergue, SMN. (Inédite.) Mod. 6 1/2. Poids, 6 gr. 48. F.D.C. MÉDAILLON D'OR.

829. Sans légende. Tête diadémée de Constantin Ier, à droite.

℞. GLORIA CONSTANTINI AVG. Constantin nu-tête, entre deux captifs, marchant à droite, portant sur l'épaule un trophée et tenant une haste transversale; à l'exergue, SMTS. (N° 238.) Mod. 6. Poids, 6 gr. 73. T.B. MÉDAILLON D'OR.

830. IMP. CONSTANTINVS P. F. AVG. Son buste lauré, drapé et cuirassé, à droite.

℞. PRINCIPI IVVENTVTIS. Constantin tête nue, debout, à droite, tenant une haste transversale et un globe; à l'exergue, POST et étoile. Mod. 6 1/2. Poids, 8 gr. 35. (N° 410.) (Collection d'Amécourt.) T.B. MÉDAILLON D'OR.

831. IMP. CONSTANTINVS MAX. AVG. Son buste radié et drapé, à droite.

℞. SOLI INVICTO COMITI. Le Soleil radié, à demi nu, debout, à gauche, levant la main droite et tenant de la gauche un globe et un fouet; à ses pieds, un captif assis, les mains liées derrière le dos; à l'exergue, SIS entre deux points. (Var. du n° 517.) Mod. 5. Poids, 6 gr. 44. B. MÉDAILLON D'OR.

832. D. N. CONSTANTINVS MAX. AVG. Son buste lauré, drapé et cuirassé, à droite.

℞. VICTORIA AVG. ET CAESS. NN. Victoire debout, entre deux captifs regardant à gauche, tenant une couronne et une palme; à l'exergue, SIRM. (Inédite.) Mod. 6. Poids, 6 gr. 51. F.D.C. MÉDAILLON D'OR.

833. IMP. CONSTANTINVS MAX. P. F. AVG. Son buste casqué et cuirassé, à droite.

℞. VICTORIAE LAETAE AVGG. NN. Deux Victoires debout, tenant chacune une palme et soutenant un bouclier posé sur un cippe; sur le bouclier, on lit : VOT. X. et sur le cippe : MVL. XX.; à l'exergue, SMT. (N° 625.) Mod. 6 1/2. Poids, 8 gr. 50. (Collection d'Amécourt.) T.B. MÉDAILLON D'OR.

834. CONSTANTINVS MAX. AVG. Son buste diadémé et drapé, à droite.

℞. Sans légende. Constantin debout dans un char de triomphe vu de face et attelé de quatre chevaux, répandant de la main droite des monnaies, et tenant une aigle légionnaire de la gauche; à l'exergue, SMN. (N° 758.) Mod. 5 1/2. Poids, 5 gr. 30. (Collection d'Amécourt.) F.D.C. MÉDAILLON D'OR.

CONSTANTIN Ier, CRISPE ET CONSTANCE II

835. D. N. CONSTANTINVS MAX. AVG. Buste radié, drapé et cuirassé de Constantin I, à gauche, levant la main droite et tenant un globe; la cuirasse est ornée de la tête de Méduse.

℞. CRISPVS ET CONSTANTIVS NOBB. CAESS. Bustes en regard, laurés, drapés et cuirassés de Crispe et de Constance II; Crispe tient un globe et tous les deux soutiennent ensemble une aigle légionnaire; à l'exergue, SMN. (N° 1.) Mod. 6 1/2. Poids, 8 gr. 85. (Collection d'Amécourt.) F.D.C. MÉDAILLON D'OR.

FAUSTE (Femme de Constantin Ier).

836. FLAV. MAX. FAVSTA AVG. Son buste drapé, à droite.

℞. SALVS REIPVBLICAE. Fauste debout, de face, regardant à gauche, tenant Constantin II et Constance dans ses bras; à l'exergue, SMN. (N° 5.) (Collection d'Amécourt.) F.D.C. OR.

837. FLAVIA MAXIMA FAVSTA AVGVSTA. Son buste drapé, à droite, avec un collier formé de deux rangs de perles.

℞. PIETAS AVGVSTAE. Femme (la Vierge?) assise, de face, nimbée, tenant un enfant dans ses bras, entre la Félicité debout, tournée à droite, tenant un caducée, et une autre femme debout, tournée à gauche et levant le bras droit; à ses pieds, de chaque côté d'une base ornée de guirlandes, deux génies debout, tenant chacun une couronne; à l'exergue, PTR. (N° 3.) Mod. 6 1/2. Poids, 8 gr. 70. (Collection d'Amécourt.) F.D.C. MÉDAILLON D'OR.

CRISPE CÉSAR

(1070-1079; de J.-C., 317-326.)

838. FL. IVL. CRISPVS NOB. CAES. Son buste lauré, à gauche, vu de dos, tenant une haste et un bouclier.

℞. CONCORDIA AVGG. NN. La Concorde assise, à gauche, tenant un caducée et une corne d'abondance; dans le champ, une étoile; à l'exergue, SMAN. (N° 56 var.) F.D.C. OR.

839. FL. IVL. CRISPVS NOB. CAES. Sa tête laurée, à droite.

℞. PRINCIPI IVVENTVTIS. Crispe lauré, debout, à droite, en habit militaire, tenant une haste transversale et un globe; à l'exergue, PTR. (N° 88.) (Collection d'Amécourt.) F.D.C. OR.

840. D. N. CRISPVS NOBILISS. CAES. Son buste lauré, drapé et cuirassé, à gauche.

℞. VICTORIA CRISPI CAES. Victoire ailée, à demi nue, assise, à droite, sur une cuirasse et un bouclier, et tenant un bouclier sur lequel elle écrit VOT. X.; à l'exergue, SIRM. (N° 145.) (Collection de Belfort.) F.D.C. OR.

841. FL. IVL. CRISPVS NOB. CAES. Son buste à mi-corps, à gauche, vu de dos, tenant une haste et un bouclier.

℞. VIRTVS CAESAR NN. Crispe à cheval, au galop, à droite, tenant un bouclier et frappant de sa haste un ennemi agenouillé; sous le cheval, un autre ennemi renversé et un bouclier; à l'exergue, SMNM (*sacra moneta Narbo Martius*). (N° 164.) (Collection d'Amécourt.) F.D.C. OR.

842. FL. IVL. CRISPVS NOB. CAES. Son buste lauré, à gauche, avec un vêtement très orné, tenant un sceptre surmonté d'un aigle.

℞. FELIX PROGENIES CONSTANTINI AVG. Constantin debout, en toge, avec un manteau, donnant la main à Crispe, entre eux Fausta debout, de face, mettant les mains sur leurs épaules. (N° 73.) Mod. 6 1/2. Poids, 8 gr. 60. T.B. MÉDAILLON D'OR.

CONSTANTIN II CÉSAR

(1070-1090; de J.-C., 317-337.)

843. Sans légende. Tête diadémée de Constantin II, à droite.

℞. CONSTANTINVS CAESAR. Victoire marchant à gauche, tenant une couronne et une palme; à l'exergue, N. (N° 75 var.) T.B. OR.

844. CONSTANTINVS IVN. NOB. C. Son buste lauré, drapé et cuirassé, à droite.

℞. GAVDIVM ROMANORVM; à l'exergue, SARMATIA. La Sarmatie assise, à gauche, soutenant sa tête de la main droite, et se retournant vers un trophée placé à droite. (N° 111.) (Collection d'Amécourt.) F.D.C. OR. Q.

845. FL. CL. CONSTANTINVS IVN. N. C. Sa tête laurée, à droite.

℞. PRINCIPI IVVENTVTIS. Constantin II debout, à droite, tenant une haste transversale et un globe; à l'exergue, TR. (N° 142 var.) (Collection d'Amécourt.) F.D.C. OR.

846. D. N. CONSTANTINVS IVN. NOB. CAES. Son buste lauré, drapé et cuirassé, à droite.

℞. PRINCIPI IVVENTVTIS. Constantin II lauré et en habit militaire, debout, à gauche, tenant une enseigne et un sceptre; derrière lui, deux enseignes; à l'exergue, SMAN. (N° 154.) F.D.C. OR.

847. CONSTANTINVS IVN. NOB. C. Son buste lauré, drapé et cuirassé, à droite.

℞. PRINCIPI IVVENTVTIS. Constantin II lauré, en habit militaire, debout, de face, regardant à droite, tenant une enseigne surmontée d'un aigle qui tient une couronne en son bec, et un sceptre; à droite, une autre enseigne; à l'exergue, SMTSA. (N° 155.) (Collection d'Amécourt.) F.D.C. Or.

848. CONSTANTINVS IVN. NOB. C. Son buste lauré, à gauche, avec le manteau impérial, levant la main droite et tenant un globe.

℞. RESTIVTORI (*sic*) LIBERTATIS. Rome assise, à droite, ayant derrière elle un bouclier et tenant un sceptre, et donnant un globe à Constantin debout, en habit militaire, qui tient un sceptre; à l'exergue, PTR. (N° 169.) (Fabrique grossière.) B. OR.

849. D. N. CONSTANTINVS P. F. AVG. Sa tête diadémée, à droite.

℞. VICTORIA CONSTANTINI AVG. Victoire à demi nue, assise, à droite, sur une cuirasse et un bouclier, écrivant VOT. XX. sur un bouclier que lui présente un génie ailé, nu, debout; à l'exergue, CONS. (N° 207 var.) T.B. OR.

850. FL. CL. CONSTANTINVS IVN. NOB. C. Son buste lauré, drapé et cuirassé, à droite.

℞. CONSTANTINI CAES. Deux Victoires debout, soutenant une couronne dans laquelle on lit : VOT. X.; à l'exergue, TR. (N° 61.) Mod. 6 1/2. Poids, 8 gr. 80. (Collection d'Amécourt.) F.D.C. MÉDAILLON D'OR.

851. FL. CL. CONSTANTINVS IVN. NOB. C. Son buste lauré, drapé et cuirassé, à droite.

℞. CONSTANTINI CAES. autour d'une couronne dans laquelle on lit : VOTIS X.; à l'exergue, TR. (N° 62.) Mod. 6 1/2. Poids, 8 gr. 75. F.D.C. MÉDAILLON D'OR.

852. FL. CL. CONSTANTINVS IVN. NOB. C. Son buste lauré, drapé et cuirassé, à droite.

℞. PRINCIPIA IVVENTVTIS. A l'exergue, SARMATIA. Constantin II nu-tête et en habit militaire, debout, à gauche, tenant un globe et une haste, et posant le pied droit sur le genou d'une Sarmate agenouillée et suppliante. (N° 139.) Mod. 6 1/2. Poids, 8 gr. 90. (Collection d'Amécourt.) F.D.C. MÉDAILLON D'OR.

853. D. N. CONSTANTINVS IVN. NOB. CAES. Son buste diadémé, drapé et cuirassé, à droite.

℞. VOTIS. X. CAESS. XX. MN.B. en quatre lignes, dans une couronne en haut de laquelle est une étoile. (Var. inédite de n° 279.) Mod. 6. Poids, 6 gr. 73. T.B. MÉDAILLON D'OR.

854. AVGVSTVS. Tête diadémée de Constantin II, à droite.

℞. CAESAR dans une couronne de laurier. (N° 30.) Mod. 11. Poids, 11 gr. 92. B. MÉDAILLON D'ARGENT.

CONSTANT Ier EMPEREUR

(1090-1103; de J.-C., 337-350.)

855. FL. IVL. CONSTANS P. F. AVG. Son buste diadémé et drapé, à droite.

℞. GAVDIVM POPVLI ROMANI. Autour d'une couronne de laurier dans laquelle on lit : VOT. V. MVLT. X.; à l'exergue, TS€. (N° 41.) F.D.C. OR.

856. FL. IVL. CONSTANS P. F. AVG. Son buste diadémé et drapé, à droite.

℞. OB. VICTORIAM TRIVMFALEM. Deux Victoires debout, soutenant une couronne dans laquelle on lit : VOT. X. MVLT. XV.; à l'exergue, SMAQ. (N° 88.) Trouée. (Collection d'Amécourt.) F.D.C. OR.

857. FL. IVL. CONSTANS PERP. AVG. Même buste.

℞. VICTORIA AVGVSTORVM. Victoire à demi nue, assise, à droite, sur un bouclier et une cuirasse, écrivant VOT. V. MVLT. X. sur un bouclier que lui présente un génie nu et ailé, debout; à l'exergue, SMANZ. (N° 140.) (Collection d'Amécourt.) T.B. OR.

858. CONSTANS P. F. AVG. Même buste.

℞. VICTORIA DD. NN. AVGG. Victoire marchant à gauche, tenant une couronne et une palme; à l'exergue, TR. (N° 150.) (Collection d'Amécourt.) F.D.C. OR. Q.

859. CONSTANS AVGVSTVS. Son buste diadémé et drapé, à droite.

℞. VICTORIAE DD. NN. AVGG. Deux Victoires debout tenant une couronne dans laquelle on lit : VOT. MVLT. XX.; à l'exergue, TR. (N° 171.) F.D.C. OR.

860. FL. IVL. CONSTANS P. F. AVG. Son buste diadémé, drapé et cuirassé, à droite.

℞. VIRTVS EXERCITVM. Constant en habit militaire, debout, à gauche, entre deux captifs, tenant un trophée et appuyé sur un bouclier; à l'exergue, TES. (N° 190.) Mod. 7. Poids, 6 gr. 67. T.B. MÉDAILLON D'OR.

CONSTANCE II CÉSAR

(1076-1090; de J.-C., 323-337.)

861. Sans légende. Tête diadémée de Constance, à droite.

℞. CONSTANTIVS CAESAR. Victoire marchant à gauche, tenant une couronne et une palme; à l'exergue, N. (N° 14.) T.B. OR.

862. FL. IVL. CONSTANTIVS NOB. CAES. Sa tête laurée, à droite.

℞. PRINCIPI IVVENTVTIS. Constance en habit militaire, debout, à droite, le manteau déployé derrière lui, tenant une haste transversale et un globe; à l'exergue, TR. (N° 155.) F.D.C. OR.

863. FL. IVL. CONSTANTIVS NOB. C. Son buste lauré et cuirassé, à droite.

℞. PRINCIPI IVVENTVTIS. Constance en habit militaire, debout, à gauche, le manteau sur l'épaule, tenant un étendard et un sceptre; derrière lui, deux enseignes; à l'exergue, SIS. (N° 165.) (Collection d'Amécourt.) F.D.C. OR.

864. FL. IVL. CONSTANTIVS NOB. C. Son buste lauré et drapé, à droite.

℞. VICTORIA CAESAR NN. Victoire marchant à gauche, tenant un trophée et une palme; dans le champ, une étoile et .LXXII.; à l'exergue, SMAN. (Inédite.) T.B. OR.

CONSTANCE II EMPEREUR

(1090-1114; de J.-C., 337-361.)

865. FL. IVL. CONSTANTIVS PERP. AVG. Son buste diadémé, drapé et cuirassé, à droite.

℞. GLORIA REIPVBLICAE. Rome assise, de face, et Constantinople tourelée, assise, tournée, à gauche, le pied sur une proue de vaisseau, tenant ensemble un bouclier sur lequel on lit : VOT. XX. MVLT. XXX.; à l'exergue, SMANH. (N° 108.) F.D.C. OR.

866. FL. IVL. CONSTANTIVS PERP. AVG. Son buste casqué et cuirassé, de face, tenant une haste et un bouclier sur lequel on voit un cavalier, à droite terrassant un ennemi.

℞. GLORIA REIPVBLICAE. Rome et Constantinople assise, tenant un bouclier sur lequel on lit : VOT. XXX. MVLT. XXXX.; à l'exergue, SMNP. (N° 112.) T.B. OR.

867. FL. IVL. CONSTANTIVS PERP. AVG. Son buste diadémé, drapé et cuirassé, à droite.

℞. GLORIA REIPVBLICAE. Même type; à l'exergue, SMAQ. (N° 114.) T.B. OR.

868. FL. IVL. CONSTANTIVS P. F. AVG. Son buste, casqué et cuirassé, de face, tenant une haste et un bouclier.

℞. GLORIA REIPVBLICAE. Même type; à l'exergue, RSMT suivie d'une palme. (N° 117.) F.D.C. OR.

869. DN. CONSTANTIVS P. F. AVG. Sa tête diadémée, à droite.

℞. Même type et même légende; à l'exergue, ANT B. (N° 126 var.) F.D.C. OR.

870. La même médaille, mais ayant, à l'exergue, TES entre deux étoiles. (N° 126 var.) T.B. OR.

871. CONSTANTIVS AVG. Son buste diadémé et drapé, à droite.

℞. VICTORIA AVGVSTI N. Victoire assise, à droite, sur une cuirasse et un bouclier, écrivant VOT. XXX. sur un bouclier que lui présente un génie; à l'exergue, SMN. (N° 227.) Tiers de sou. (Collection d'Amécourt.) F.D.C. OR.

872. DN. CONSTANTIVS P. F. AVG. Sa tête diadémée, à droite.

℞. VICTORIA CONSTANTI AVG. Victoire assise, à droite, sur une cuirasse et écrivant VOT. XV. sur un bouclier que lui présente un génie nu, ailé, debout; à l'exergue, CONS. (N° 254.) T.B. OR.

873. CONSTANTIVS AVGVSTVS. Son buste diadémé et drapé, à droite.

℞. VICTORIAE DD. NN. AVGG. Deux Victoires debout, tenant une couronne dans laquelle on lit : VOT. XX. MVLT. XXX.; à l'exergue, TR. (N° 280.) T.B. OR.

874. CONSTANTIVS AVGVSTVS. Même buste; le tout dans une couronne de laurier.

℞. VICTORIAE DD. NN. AVGG. Deux Victoires debout, tenant une couronne dans laquelle on lit : VOT. XX. MVLT. XXX.; à l'exergue, TES; le tout dans une couronne de laurier. (N° 281.) T.B. OR.

875. CONSTANTIVS AVG. Son buste diadémé et drapé, à droite.

℞. VICTORIA AVGVSTORVM. Victoire assise, à droite, sur une cuirasse, écrivant VOT. XXX sur un bouclier que lui présente un génie; à l'exergue, S⊢MN. (Inédite.) Tiers de sou. T.B. OR.

876. D. N. CONSTANTIVS P. F. AVG. Son buste diadémé, drapé et cuirassé, à droite.

℞. VICTORIAE DD. NN. AVGG. Victoire assise, à droite, sur une cuirasse, écrivant VOT. XXX. MVLT. XXXX. sur un bouclier que lui présente un génie; à l'exergue, TES. (N° 290.) Tiers de sou. F.D.C. OR.

877. FL. IVL. CONSTANTIVS PERP. AVG. Son buste diadémé, drapé et cuirassé, à droite.

℞. GLORIA REIPVBLICAE. Rome et Constantinople assises, tenant un bouclier sur lequel on lit VOT. XXX. MVLT. XXXX. Rome casquée est assise, de face; Constantinople, tourelée, se tourne à gauche et pose le pied sur une proue; toutes deux tiennent des sceptres; à l'exergue, KONSTAN. (TAN en monogramme). Mod. 8. Poids, 8 gr. 50. (N° 111.) (Collection d'Amécourt.) F.D.C. MÉDAILLON D'OR.

878. FL. IVL. CONSTANTIVS PERP. AVG. Son buste diadémé, drapé et cuirassé, à gauche.

℞. GLORIA ROMANORVM. Rome tenant un globe surmonté d'une Victoire et une haste, assise, de face, sur le même siège que Constantinople tourelée, qui pose les pieds sur une proue de vaisseau, tient un globe surmonté d'une Victoire et un sceptre, et se tourne à gauche; à l'exergue, TES entre deux points. (N° 131.) Mod. 8. Poids, 8 gr. 80. F.D.C. MÉDAILLON D'OR.

879. FL. IVL. CONSTANTIVS PERP. AVG. Son buste diadémé, drapé et cuirassé, à gauche.

℞. GLORIA ROMANORVM. Rome assise, à gauche, tenant un globe surmonté d'une Victoire qui lui présente une couronne, posant le pied droit sur une proue de Vaisseau et tenant un sceptre; à l'exergue, SIRM. (N° 135.) Mod. 12. Poids, 21 gr. 21 avec bélière. Trou rebouché. B. MÉDAILLON D'OR.

880. FL. IVL. CONSTANTIVS PIVS FELIX AVG. Son buste diadémé, drapé et cuirassé, à droite.

℞. TRIVMFATOR GENTIVM BARBARARVM. Constance debout, à gauche, nu-tête et en habit militaire, tenant un étendard, et appuyé sur un bouclier; à l'exergue, TES. (N° 194.) Mod. 11. Poids, 13 gr. 22. T.B. MÉDAILLON D'ARGENT.

VÉTRANION

(1103; de J.-C., 350.)

881. D. N. VETRANIO P. F. AVG. Son buste lauré, drapé et cuirassé, à droite.

℞. SALVATOR REIPVBLICAE. Vétranion debout, de face, regardant à gauche, tenant le labarum et un sceptre, et couronné par la Victoire debout derrière lui, qui tient une palme; à l'exergue, SIS. (N° 7.) (Collection d'Amécourt.) F.D.C. OR.

MAGNENCE

(1103-1106; de J.-C., 350-353.)

882. FL. MAGNENTIVS TR. P. F. AVG. Son buste nu-tête et drapé, à droite.

℞. RESTITVTOR LIBERTATIS. Magnence en habit militaire, debout, à gauche, tenant un globe surmonté d'une Victoire et le labarum; à l'exergue, SMAQ. (N° 28.) F.D.C. OR.

883. DN. MAGNENTIVS AVG. Son buste nu-tête et drapé, à droite.

℞. VICT. AVG. LIB. ROM. ORB. La Victoire et la Liberté debout, tenant ensemble un trophée; la Liberté tient, en outre, un sceptre transversal; à l'exergue, NAR. (Cette monnaie de Narbonne est de première rareté.) (N° 36.) T.B. OR.

884. IM. CAE. MAGNENTIVS AVG. Son buste nu-tête, drapé et cuirassé, à droite.

℞. VICTORIA AVG. LIB. ROMANOR. La Victoire et la Liberté debout, tenant ensemble un trophée; la Victoire tient, en outre, une palme, et la Liberté un sceptre transversal; à l'exergue, TR. (N° 46.) F.D.C. OR.

885. IM. CAE. MAGNENTIVS AVG. Son buste nu-tête et drapé, à droite.

℞. Même type et même légende, mais la Victoire ne tient pas de palme; à l'exergue, TR. (N° 46 var.) F.D.C. OR.

886. DN. MAGNENTIVS P. F. AVG. Son buste nu-tête et drapé, à droite.

℞. Même type et même légende; à l'exergue, RP. (N° 46 var.) T.B. OR.

DÉCENCE

(1104-1106; de J.-C., 351-353.)

887. MAG. DECENTIVS N. CS. Son buste nu-tête, drapé, à droite.

℞. VICTORIA AVG. LIB. ROMANOR. La Victoire debout, à droite, et la Liberté debout, à gauche, tenant ensemble un trophée; la première tient une palme, et la seconde une haste transversale; à l'exergue, RЄ. (N° 27.) T.B. OR.

888. DN. DECENTIVS FORT. CAES. Son buste nu-tête, drapé, à droite.

℞. VICTORIA AVG. LIB. ROMANOR. La Victoire debout, à droite, et la Liberté debout, à gauche, tenant ensemble un trophée; la Liberté tient une haste transversale. (Inédite.) Avec bélière. B. OR.

CONSTANCE GALLE CÉSAR

(1104-1107; de J.-C., 351-354.)

889. D. N. FL. CL. CONSTANTIVS NOB. CAES. Son buste, nu-tête, drapé, à droite.

℞. GLORIA REIPVBLICAE. Rome assise, de face, tenant une haste, et Constantinople assise, à gauche; toutes deux soutiennent un bouclier sur lequel on lit : VOTIS V.; à l'exergue, SMNS. (N° 24.) F.D.C. OR.

JULIEN II CÉSAR

(1108-1113; de J.-C., 355-360.)

890. DN. CL. IVLIANVS N. C. Son buste jeune, nu-tête et cuirassé, à droite.

℞. FEL. TEMP. REPARATIO. Rome et Constantinople assises, tenant un bouclier sur lequel est une étoile; à l'exergue, RSNS. entre deux palmes. (N° 8.) F.D.C. OR.

891. DN. IVLIANVS NOB. CAES. Son buste jeune, nu-tête et drapé, à droite.

℞. GLORIA REIPVBLICAE. Même type; à l'exergue, SMANI. (N° 23 var.) F.D.C. OR.

892. FL. CL. IVLIANVS NOB. CAES. Son buste jeune, nu-tête, drapé et cuirassé, à droite.

℞. GLORIA REIPVBLICAE. Rome casquée, assise, de face, tenant une haste, et Constantinople tourelée, assise, à gauche, posant le pied sur un vaisseau et tenant un sceptre; toutes deux soutiennent un bouclier sur lequel on lit : VOTIS V; entre les deux femmes, une étoile; à l'exergue, KONSTAN. (TAN en monogramme.) (N° 25.) F.D.C. OR.

893. IVLIANVS CAESAR. Son buste jeune, nu-tête, drapé et cuirassé, à droite.

℞. VICTORIA AVGVSTORVM. Victoire à demi nue, assise, à droite, sur une cuirasse et recevant un bouclier, d'un génie, sur lequel est une étoile ; à l'exergue, SMAN entre deux points. (N° 56.) T.B. OR. Q.

894. DN. CL. IVLIANVS NOB. CAES. Son buste jeune, nu-tête, drapé et cuirassé, à droite.

℞. VICTORIA IVLIANI NOB. CAES. Victoire assise, à droite, sur une cuirasse, écrivant VOT. V. MVLT. X. sur un bouclier que lui présente un génie ; à l'exergue, TES. (Inédite.) T.B. OR. Q.

JULIEN II EMPEREUR

(1113-1116 ; de J.-C., 360-363.)

895. FL. CL. IVLIANVS PERP. AVG. Son buste diadémé, drapé et cuirassé, à droite.

℞. GLORIA REIPVBLICAE. Rome et Constantinople assises, soutenant un bouclier sur lequel est écrit VOT. V. MVLT. X. ; à l'exergue, KONSTAN. (TAN en monogramme.) (N° 27 var.) T.B. OR.

896. La même médaille, mais une étoile à chaque côté du V. sur le bouclier. (N° 27 var.) T.B. OR.

897. FL. CL. IVLIANVS P. P. AVG. Son buste barbu, diadémé, drapé et cuirassé, à droite.

℞. VICTORIAE DN. AVG. Victoire assise, à droite, sur une cuirasse, écrivant sur un bouclier VOTIS V. MVLTIS. X. que lui présente un génie ; à l'exergue, TES. (Inédite.) T.B. OR. Q.

898. FL. CL. IVLIANVS P. P. AVG. Son buste barbu, diadémé, drapé et cuirassé, à droite.

℞. VIRTVS EXERC. GALL. Julien casqué, en habit militaire, marchant à droite et se retournant ; il traîne par les cheveux un captif à genoux et tient un trophée ; dans le champ, un aigle sur un foudre, tenant en son bec une couronne ; à l'exergue, KONSTAN. (TAN en monogramme.) (N° 75.) (Collection d'Amécourt.) F.D.C. OR.

899. La même médaille. F.D.C. OR.

900. FL. CL. IVLIANVS P. F. AVG. Même buste, très barbu.

℞. VIRTVS EXERCITVS ROMANORVM. Même type, mais sans l'aigle dans le champ ; à l'exergue, SIRM entre une étoile et une couronne. (N° 78.) F.D.C. OR.

901. FL. CL. IVLIANVS P. F. AVG. Buste, à droite.

℞. Même type et même légende; à l'exergue, CONSP. (N° 79.) T.B. OR.

JOVIEN

(1116-1117; de J.-C., 363-364.)

902. D. N. IOVIANVS P. F. AVG. Son buste diadémé, drapé et cuirassé, à droite.

℞. GLORIA REIPVBLICAE. Rome et Constantinople assises, soutenant un bouclier sur lequel on lit : VOT. V. MVLT. X.; à l'exergue, TES suivi d'une étoile, et entre deux feuilles. (N° 3.) Trouée. T.B. OR.

903. D. N. IOVIANVS P. F. P. (*sic*) AVG. Son buste diadémé et drapé, à droite.

℞. SECVRITAS REIPVBLICE. Rome et Constantinople assises, soutenant un bouclier sur lequel on lit : VOT. V. MVLT. X.; à l'exergue, SIRM. entre un point et une palme. (N° 12.) F.D.C. OR.

904. D. N. IOVIANVS P. F. AVG. Son buste diadémé, drapé et cuirassé, à droite.

℞. SECVRITAS REIPVBLICE (*sic*). Jovien diadémé, debout, à gauche, tenant le labarum et un globe; devant lui, un captif assis à terre, les mains liées derrière le dos; à l'exergue, SIRM entre une étoile et un point. (N° 16.) T.B. OR.

VALENTINIEN Ier

(1117-1128; de J.-C., 364-375.)

905. D. N. VALENTINIANVS P. F. AVG. Son buste diadémé, drapé et cuirassé, à droite.

℞. GLORIA ROMANORVM. Rome et Constantinople assises, soutenant un bouclier surmonté par ☧; sur le bouclier, VOT. X. MVL. XX.; à l'exergue, ANOBT. (Inédite.) F.D.C. OR.

906. D. N. VALENTINIANVS P. F. AVG. Son buste diadémé, drapé et cuirassé, à droite.

℞. RESTITVTOR REIPVBLICAE (AE) en monogramme. L'empereur en habit militaire, à droite, tenant le labarum et un globe surmonté d'une Victoire; à l'exergue, KONSTAN. (TAN en monogramme.) (N° 28.) T.B. OR.

907. La même médaille mais, à l'exergue, TR. (N° 28.) F.D.C. OR.

908. D. N. VALENTINIANVS P. F. AVG. Son buste diadémé et drapé, à droite.

℞. RESTITVTOR REIP. Même type; à l'exergue, SLVG. (Inédite.) B. OR. Q.

909. D. N. VALENTINIANVS P. F. AVG. Son buste diadémé, à gauche, à mi-corps, avec le manteau impérial, tenant un globe et un sceptre.

℞. SALVS REIP. Valentinien debout, de face, regardant à droite, en habit militaire, tenant le labarum et un globe surmonté d'une Victoire, et posant le pied sur un captif à genoux; dans le champ, à droite, deux étoiles, et à l'exergue, SMTES. (N° 32.) T.B. OR.

910. La même médaille, mais ayant au revers une seule étoile dans le champ. (N° 32.) T.B. OR.

911. D. N. VALENTINIANVS P. F. AVG. Son buste diadémé, drapé et cuirassé, à droite.

℞. VICTORIA AVGG. Valentinien et son fils assis, de face, soutenant un globe; sur le second plan, une Victoire debout, de face, vue à mi-corps; à l'exergue, TES entre deux étoiles. (N° 43.) (Collection d'Amécourt.) F.D.C. OR.

912. La même médaille mais, à l'exergue, TROBC. et, entre les deux Augustes, une palme. (N° 43.) F.D.C. OR.

913. Même buste et même légende.

℞. VICTORIA AVGVSTORVM. Victoire à demi nue, assise, à droite, sur une cuirasse, écrivant VOT. V. MVL. X. sur un bouclier posé sur un cippe; dans le champ, à gauche, O; à droite, B; et à l'exergue, CONS. et étoile. (N° 48.) F.D.C. OR.

914. D. N. VALENTINIANVS P. F. AVG. Son buste diadémé, drapé et cuirassé, à droite.

℞. GLORIA REIPVBLICAE. Valentinien en habit militaire, debout, regardant à gauche, le manteau déployé derrière lui, tenant un globe surmonté d'une Victoire et le labarum; à l'exergue, ANT. (Inédite.) Mod. 9 1/2. Poids, 13 gr. 3. F.D.C. MÉDAILLON D'OR.

VALENS

(1081-1131 ; de J.-C., 328-378.)

915. D. N. VALENS P. F. AVG. Son buste diadémé et drapé, à droite.

℞. RESTITVTOR REIPVBLICAE. Valens en habit militaire, debout, de face, regardant à droite, tenant le labarum et une Victoire sur un globe ; à l'exergue, SMNI. (N° 32 var.) F.D.C. OR.

916. D. N. VALENS P. F. AVG. Son buste diadémé, à mi-corps, à gauche, avec le manteau impérial, tenant un globe et un sceptre.

℞. SALVS REIP. Valens debout, en habit militaire, posant le pied sur un captif et tenant le labarum et un globe surmonté d'une Victoire ; dans le champ, à droite, une étoile ; à l'exergue, SMSISC et palme. (N° 43.) F.D.C. OR.

917. La même médaille, mais ayant, au revers, deux étoiles dans le champ et, à l'exergue, SMTES. (N° 43 var.) T.B. OR.

918. D. N. VALENS. P. F. AVG. Son buste casqué et cuirassé, à gauche, vu de dos, tenant une haste et un bouclier sur lequel est représenté l'empereur à cheval poursuivant un ennemi.

℞. VICTORES AVGVSTI. Valens avec Valentinien assis, de face, soutenant un globe ; au-dessus, une Victoire volant et posant une couronne sur leurs deux têtes ; à l'exergue, TROB. (N° 51.) B. OR.

919. D. N. VALENS P. F. AVG. Son buste diadémé et drapé, à droite.

℞. VICTORIA AVGG. Même type mais, entre eux, une Victoire debout, de face, vue à mi-corps, et plus bas, une étoile ; à l'exergue, TES entre deux étoiles. (N° 53.) T.B. OR.

920. La même médaille mais, entre les deux Augustes, une palme, et à l'exergue, TROB. (N° 53.) (Collection d'Amécourt.) F.D.C. OR.

921. La même médaille mais, à l'exergue, TROBC. (N° 53.) T.B. OR.

922. D. N. VALENS P. F. AVG. Son buste diadémé et drapé, à droite.

℞. VICTORIA AVGVSTI N. Victoire marchant à gauche, tenant une couronne et une palme ; à l'exergue, R entre une palme et un point. (N° 57, var. inédite.) T.B. OR. Q.

923. D. N. VALENS P. F. AVG. Son buste diadémé, drapé et cuirassé, à droite.

℞. VICTORIA AVGVSTORVM. Victoire marchant à gauche, tenant une couronne et une palme; à l'exergue, TROB. (N° 58.) F.D.C. Tiers de sou. OR.

924. D. N. VALENS P. F. AVG. Son buste diadémé, drapé et cuirassé, à droite.

℞. VICTORIA AVGVSTORVM. Victoire à demi nue, assise, à droite, sur une cuirasse et un bouclier, écrivant VOT. V. MVL. X. sur un bouclier posé sur un support; dans le champ, O.B.; à l'exergue, CONS et une étoile. (N° 61.) T.B. OR.

925. D. N. VALENS PER. F. AVG. Son buste diadémé et drapé, à droite.

℞. VICTORIA AVGVSTORVM. Victoire à demi nue, assise, à droite, sur une cuirasse et un bouclier, écrivant VOT. X. MVL. XX. sur un bouclier posé sur son genou; dans le champ, à droite, ☧, et à l'exergue, ANOBΔ. (N° 62 var.) F.D.C. OR.

926. D. N. VALENS P. F. AVG. Même buste.

℞. VIRTVS ROMANORVM. Valens et Valentinien debout, de face, se regardant, soutenant un globe surmonté d'une Victoire, de face, qui les couronne, et tenant chacun une haste; à l'exergue, CONS entre deux palmes. (N° 75.) (Collection d'Amécourt.) T.B. OR.

927. D. N. VALENS P. F. AVG. Son buste diadémé, à gauche, avec le manteau impérial, tenant un globe et un sceptre.

℞. VOTA PVBLICA. Valens et Valentinien nimbés, assis, de face, tenant chacun un livre et un sceptre; de chaque côté, à leurs pieds, un captif à genoux, les mains liées derrière le dos; à l'exergue, CONS entre une étoile et une couronne. (N° 82.) T.B. OR.

928. D. N. VALENS AVG. Même buste.

℞. VOTA PVBLICA. Valens et Valentinien nimbés, assis, de face, tenant chacun un livre et un sceptre; à l'exergue, MED. (N° 85.) T.B. OR.

PROCOPE

(1118-1119; de J.-C., 365-366.)

929. D. N. PROCOPIVS P. F. AVG. Son buste diadémé, drapé et cuirassé, à droite.

℞. REPARATIO FEL. TEMP. Procope en habit militaire, debout, de face, regardant à droite, tenant une haste et appuyé sur un bouclier; à l'exergue, CONS et une palme. (N° 5.) Trouée. (Collection d'Amécourt.) T.B. OR.

GRATIEN

(1120-1136; de J.-C., 367-383.)

930. D. N. GRATIANVS P. F. AVG. Son buste diadémé et drapé, à droite.

℞. CONCORDIA AVGGG. N. Rome assise, de face, regardant à droite, tenant une haste et un globe, et posant le pied sur une proue de vaisseau; à l'exergue, CONOB. (N° 5.) T.B. OR.

931. D. N. GRATIANVS P. F. AVG. Son buste diadémé et drapé, à droite.

℞. PRINCIPIVM IVVENTVTIS. Gratien lauré et nimbé, debout, en habit militaire, à droite, avec le manteau déployé derrière lui, tenant une haste transversale et un globe; à l'exergue, CONS entre une étoile et une couronne. (N° 28.) T.B. OR.

932. D. N. GRATIANVS P. F. AVG. Son buste diadémé, drapé et cuirassé, à droite.

℞. VICTORIA AVGG. Gratien et Valentinien jeune, assis, de face, soutenant un globe; entre eux, une Victoire debout, de face, vue à mi-corps, et plus bas, une palme; à l'exergue, TESOB. (N° 38.) F.D.C. OR.

933. La même médaille mais, à l'exergue, TROBC. (N° 38.) F.D.C. OR.

934. D. N. GRATIANVS P. F. AVG. Son buste diadémé et drapé, à droite.

℞. VICTORIA AVGVSTORVM. Victoire marchant à gauche, tenant une couronne et une palme; à l'exergue, TROB. (N° 44.) Triens. T.B. OR.

935. D. N. GRATIANVS P. F. AVG. Son buste diadémé et drapé, à droite.

℞. VICTORIA AVGVSTORVM. Victoire à demi nue, assise, à droite, sur une cuirasse et un bouclier, écrivant VOT. V. MVL. X. sur un bouclier posé sur ses genoux; dans le champ, à droite, ☧; à l'exergue, ANOBЄ. (N° 48.) F.D.C. OR.

936. D. N. GRATIANVS P. F. AVG. Son buste diadémé et drapé, à droite.

℞. VICTORIA AVGVSTORVM. Victoire à demi nue, assise, à droite, sur une cuirasse, écrivant VOT. V. MVL. X. sur un bouclier posé devant elle; dans le champ, O. B., et à l'exergue, CONS et une étoile. (N° 49 var.) T.B. OR.

VALENTINIEN II

(1124-1145; de J.-C., 371-392.)

937. D. N. VALENTINIANVS P. F. AVG. Son buste diadémé et drapé, à droite.

℞. CONCORDIA AVGGG. Rome assise, de face, regardant à droite, tenant un sceptre et un bouclier posé sur un support, et sur lequel on lit : VOT. XV. MVLT. XX. ; à l'exergue, COMOB. (N° 7.) T.B. OR.

938. D. N. VALENTINIANVS IVN. P. F. AVG. Son buste diadémé et drapé, à droite.

℞. VICTORIA AVGG. Valentinien et Gratien assis, de face, soutenant un globe ; entre eux, en haut, une Victoire debout, de face, vue à mi-corps, et plus bas, une palme ; à l'exergue, TESOB. (N° 36.) F.D.C. OR.

939. D. N. VALENTINIANVS IVN. P. F. AVG. Même buste.

℞. VICTORIA AVGG. Même type ; à l'exergue, TROBC. (N° 36.) F.D.C. OR.

940. Même type et même légende ; à l'exergue, TROBT. (N° 36.) F.D.C. OR.

941. D. N. VALENTINIANVS P. F. AVG. Son buste diadémé, drapé et cuirassé, à droite.

℞. VICTORIA AVGG. Même type ; dans le champ, T.R ; à l'exergue, COM. (N° 37.) F.D.C. OR.

942. La même médaille. (N° 37.) F.D.C. OR.

943. D. N. VALENTINIANVS P. F. AVG. Même buste.

℞. VICTORIA AVGVSTORVM. Victoire debout, de face, tenant une couronne et un globe surmonté d'une croix ; à l'exergue, COM. (N° 51 var.) (Collection d'Amécourt.) F.D.C. Tiers de sou. OR.

944. D. N. VALENTINIANVS IVN. P. F. AVG. Son buste diadémé et drapé, à droite.

℞. VICTORIA AVGVSTORVM. Victoire à demi nue, assise, à droite, sur une cuirasse, écrivant VOT. V. sur un bouclier ; dans le champ, ☧ ; à l'exergue, AN. OBI. (N° 52.) T.B. OR.

945. D. N. VALENTINIANVS P. F. AVG. Son buste diadémé et drapé, à droite.

℞. Même revers, mais la Victoire écrivant VOT. V. MVL. X. sur un bouclier ; dans le champ, à droite, ☧ ; à l'exergue, CONOB. (N° 53.) B. OR. Q.

THÉODOSE Ier

(1132-1148; de J.-C., 379-395.)

946. D. N. THEODOSIVS P. F. AVG. Son buste diadémé, drapé et cuirassé, à droite.

℞. CONCORDIA AVGGG. Constantinople tourelée, assise, de face, regardant à droite, posant le pied droit sur une proue de vaisseau, tenant un sceptre et un globe; à l'exergue, CONOB. (N° 9 var.) T.B. OR.

947. D. N. THEODOSIVS P. F. AVG. Son buste diadémé et drapé, à droite.

℞. CONCORDIA AVGGG. AN (en monogramme.) Rome assise, de face, regardant à droite, posant le pied sur une proue, tenant une haste et un bouclier sur lequel on voit VOT. X. MVLT. XV.; à l'exergue, CONOB. (N° 12.) T.B. OR.

948. Même buste et même légende.

℞. VICTORIA AVGG. Théodose et Valentinien jeune, assis, de face, tenant un globe; entre eux, en haut, la Victoire, de face, vue à mi-corps; plus bas, une palme; à l'exergue, COM. (N° 37.) T.B. OR.

949. Même buste et même légende.

℞. VICTORIA AVGVSTORVM. Victoire marchant à gauche, tenant une couronne et une palme; dans le champ, T. R.; à l'exergue, CON. (N° 44.) Tiers de sou. T.B. OR.

950. Même buste et même légende.

℞. VICTORIA AVGVSTORVM. Victoire marchant à droite, tenant une couronne et un globe surmonté d'une croix; dans le champ, une étoile; à l'exergue, CONOB. (N° 46.) Trouée. Tiers de sou. T.B. OR.

951. Même buste et même légende.

℞. VICTORIA AVGVSTORVM. Victoire à demi nue, assise, à droite, sur une cuirasse, écrivant VOT. V. MVL. X. sur un bouclier posé sur ses genoux; dans le champ, +; à l'exergue, CONOB. (N° 50.) Tiers de sou. B. OR.

FLACCILLE (Femme de Théodose).

952. AEL. FLACCILLA AVG. Son buste diadémé et drapé, à droite.

℞. SALVS REIPVBLICAE. Victoire assise, à droite, écrivant le monogramme du Christ sur un bouclier posé sur un cippe; à l'exergue, CONOB. (N° 1 var.) T.B. OR.

ARCADIUS

(Monnaies frappées en Occident. (1136-1148?; de J.-C., 383-395?)

953. D. N. ARCADIVS P. F. AVG. Son buste diadémé et drapé, à droite.

℞. CONCORDIA AVGGG. Rome assise, de face, regardant à droite, le pied sur une proue, tenant une haste et un globe; à l'exergue, CONOB. (Inédite.) T.B. OR.

954. D. N. ARCADIVS P. F. AVG. Son buste diadémé, drapé et cuirassé, à droite.

℞. VICTORIA AVGGG. Arcadius en habit militaire, debout, à droite, tenant un étendard et un globe surmonté d'une Victoire, et posant le pied sur un captif couché à terre; dans le champ, M. D.; à l'exergue, COMOB. (Sabatier N° 18.) F.D.C. OR.

955. Même buste et même légende, avec H à la fin.

℞. Même revers, mais avec R.V. dans le champ. (Id. N° 18.) F.D.C. OR.

956. Même buste et même légende.

℞. Même revers, mais avec S. M. dans le champ. (Id. N° 18.) F.D.C. OR.

957. D. N. ARCADIVS P. F. AVG. Son buste diadémé, drapé et cuirassé, à droite.

℞. VICTORIA AVGVSTORVM. Victoire marchant à droite, tenant une couronne et le globe crucigère; dans le champ, M. D., et à l'exergue, COM. (Sabatier N° 22.) Tiers de sou. F.D.C. OR.

MAXIME

(1136-1141; de J.-C., 383-388.)

958. D. N. MAG. MAXIMVS P. F. AVG. Son buste diadémé, drapé et cuirassé, à droite.

℞. RESTITVTOR REIPVBLICAE. Maxime en habit militaire, le manteau déployé derrière lui, debout, de face, regardant à droite, tenant le labarum et un globe surmonté d'une Victoire; dans le champ, une étoile; à l'exergue, SMTR. (N° 4.) T.B. OR.

959. Même buste et même légende.

℞. VICTORIA AVGG. Maxime et Victor assis. (Type décrit au n° 948.) A l'exergue, TROB. (N° 9.) F.D.C. OR.

960. Même buste et même légende.

℞. VICTORIA AVGVSTORVM. Victoire marchant à gauche, tenant une couronne et une palme; à l'exergue, SMTR. (N° 15.) (Collection d'Amécourt.) Tiers de sou. F.D.C. OR.

FLAVIUS VICTOR

(1141; de J.-C., 388.)

961. D. N. FL. VICTOR P. F. AVG. Son buste diadémé et drapé, à droite.

℞. BONO REIPVBLICE NATI. Maxime et Victor assis, de face, tenant un globe; entre eux, une Victoire, de face, vue à mi-corps; à l'exergue, TROB. (N° 1.) F.D.C. OR.

EUGÈNE

(1145-1147; de J.-C., 392-394.)

962. D. N. EVGENIVS P. F. AVG. Son buste diadémé, drapé et cuirassé, à droite.

℞. VICTORIA AVGG. Deux empereurs assis. (Type du n° 948.) Dans le champ, T. R.; à l'exergue, COM. (N° 6.) T.B. OR.

963. Même buste et même légende.

℞. VICTORIA AVGVSTORVM. Victoire marchant à gauche, tenant une couronne et une palme; dans le champ, M. D.; à l'exergue, COM. (N° 10.) Tiers de sou. T.B. OR.

HONORIUS

(1046-1076; de J.-C., 393-423.)

964. D. N. HONORIVS P. F. AVG. Son buste casqué et cuirassé, de face, tenant une haste et un bouclier sur lequel est représenté l'empereur à cheval.

℞. CONCORDIA AVGG. N. Rome assise, de face, regardant à droite, tenant une haste et un globe surmonté d'une Victoire, et posant le pied sur une proue de vaisseau; à l'exergue, CONOB. (N° 3.) T.B. OR.

965. D. N. HONORIVS P. F. AVG. Son buste diadémé, à gauche, avec le manteau impérial, tenant un linge (*mappa*) et un sceptre?

℞. GLORIA ROMANORVM. Honorius en habits impériaux, assis, de face, tenant un linge (*mappa*) et un sceptre surmonté d'un aigle; dans le champ, M. D.; à l'exergue, CONOB. (N° 15.) (Collection d'Amécourt.) T.B. OR.

966. D. N. HONORIVS P. F. AVG. Son buste diadémé et drapé, à droite.

℞. VICTORIA AVGG. Victoire à demi nue, assise, à droite, écrivant XX. XXX. sur un bouclier posé sur son genou; dans le champ, une étoile et ☧; à l'exergue, CONOB. (N° 40 var.) Demi-sou d'or. T.B. OR.

967. Même légende. Son buste casqué, drapé et cuirassé, à droite.

℞. VICTORIA AVGGG. Honorius debout, de face, posant le pied droit sur un lion, tenant un sceptre surmonté du chrisme et deux javelots; une main venant d'en haut le couronne; dans le champ, R.V; à l'exergue, COB. (N° 43.) T.B. OR.

968. Même légende. Son buste diadémé, drapé et cuirassé, à droite.

℞. VICTORIA AVGGG. Honorius debout, à droite, tenant un étendard et un globe surmonté d'une Victoire, et mettant le pied gauche sur un captif; dans le champ, M. D.; à l'exergue, COMOB. (N° 44.) F.D.C. OR.

969. La même médaille mais avec R.M. dans le champ. (N° 44.) T.B. OR.

970. D. N. HONORIVS P. F. AVG. Son buste diadémé et drapé, à droite.

℞. VICTORIA AVGVSTORVM. Victoire assise, à droite, sur une cuirasse écrivant VOT. V. MVLT. X. sur un bouclier que lui présente un génie nu, debout; dans le champ, M. D.; à l'exergue, COMOB. (Inédite.) T.B. OR. Q.

971. D. N. HONORIVS P. F. AVG. Son buste diadémé et drapé, à droite.

℞. VICTORIA AVGVSTORVM. Victoire marchant à droite, tenant une couronne et un globe surmonté d'une croix; dans le champ, R. V.; à l'exergue, COMOB. (N° 47.) Tiers de sou. F.D.C. OR.

972. Médaille semblable mais avec COM. à l'exergue. (N° 47.) Tiers de sou. F.D.C. OR.

973. Même buste et même légende.

℞. VICTORIA AVGVSTORVM. Victoire à demi nue, assise, à droite, sur une cuirasse, et génie nu, ailé, debout, posant ensemble sur un cippe un bouclier sur lequel la Victoire écrit VOT. XX. MVLT. XXX.; dans le champ, R.V.; à l'exergue, COMOB. (N° 53.) F.D.C. OR. Q.

974. D. N. HONORIVS P. F. AVG. Son buste diadémé, à gauche, avec le manteau impérial, tenant un linge (*mappa*) et un sceptre surmonté d'un aigle.

℞. VOTA PVBLICA. Honorius et Arcadius nimbés et en manteau impérial, assis, de face, tenant chacun un linge et un sceptre surmonté d'un aigle; dans le champ, M. D. ; à l'exergue, COMOB. (N° 61.) F.D.C. OR.

975. D. N. HONORIVS P. F. AVG. Son buste casqué, de face, avec le manteau impérial, tenant un linge (*mappa*) et un sceptre surmonté d'un aigle.

℞. VOT. XXX. MVLT. XXXX. Honorius en habits impériaux, assis, de face, tenant un linge (*mappa*) et un sceptre surmonté d'un aigle ; dans le champ, R. V., et à l'exergue, COMOB. (N° 69.) B. OR.

976. D. N. HONORIVS P. F. AVG. Son buste casqué, drapé et cuirassé, de face, tenant une haste dirigée à droite, et un bouclier sur lequel on voit le chrisme.

℞. Sans légende. Deux femmes casquées, assises, de face, sur des cuirasses; l'une et l'autre tenant une couronne dans laquelle on lit VOT. XXX. MVLT. XXXX.; entre elles, une palme; dans le champ, R. V., et à l'exergue, COMOB. (N° 73.) T.B. OR.

CONSTANCE III

(1174; de J.-C., 421.)

977. D. N. CONSTANTIVS P. F. AVG. Son buste diadémé et drapé, à droite.

℞. VICTORIA AVGVSTORVM. Victoire marchant à droite, tenant une couronne et un globe surmonté d'une croix; dans le champ, R. V., et à l'exergue, COMOB. (N° 2.) Tiers de sou. T.B. OR.

PLACIDIE (Femme de Constance III).

978. D. N. GALLA PLACIDIA P. F. AVG. Son buste diadémé et drapé, à droite, couronné par une main qui vient d'en haut et portant le chrisme sur l'épaule droite.

℞. SALVS REIPVBLICAE. Victoire assise, à droite, sur une cuirasse, écrivant le monogramme du Christ sur un bouclier qu'elle tient sur son genou ; dans le champ, R.V.; à l'exergue, COMOB. (N° 3.) T.B. OR.

979. D. N. GALLA PLACIDIA P. F. AVG. Son buste diadémé et drapé, à droite, avec une croix sur l'épaule droite.

℞. SALVS REIPVBLICAE. Le chrisme dans une couronne de laurier; à l'exergue, COMOB. (N° 10.) F.D.C. OR. Q.

980. D. N. GALLA PLACIDIA P. F. AVG. Son buste diadémé et drapé, à droite, couronné par une main qui vient d'en haut ; sur l'épaule droite, on voit le chrisme.

℞. VOT. XX. MVLT. XXX. Victoire debout, à gauche, tenant une croix; en haut, une étoile; dans le champ, R.V. ; à l'exergue, COMOB. (N° 13.) F.D.C. OR.

981. Même légende. Son buste diadémé et drapé, à droite, avec une croix sur l'épaule droite.

℞. Sans légende. Le chrisme dans une couronne de laurier; à l'exergue, COMOB. (N° 15.) Tiers de sou. F.D.C. OR.

CONSTANTIN III

(1160-1164; de J.-C., 407-411.)

982. D. N. CONSTANTINVS P. F. AVG. Son buste diadémé, drapé et cuirassé, à droite.

℞. VICTORIA AVGGG. Constantin debout, à droite, tenant un étendard et un globe surmonté d'une Victoire, posant le pied gauche sur un captif. Dans le champ, A.R. ; à l'exergue, CONOB. (N° 15 var.) F.D.C. OR.

983. Même buste et même légende.

℞. Même revers, mais avec L. D. dans le champ, et COMOB à l'exergue. (N° 5.) T.B. OR.

984. Même buste et même légende.

℞. Même revers, sans lettres dans le champ, et à l'exergue, TROBS. (N° 5.) T.B. OR.

985. D. N. CONSTANTINVS P. F. AVG. Son buste diadémé et drapé, à droite.

℞. VICTORIA AAAVGGGG. Même type; dans le champ, L. D. ; à l'exergue, COMOB. (N° 6.) F.D.C. OR.

JOVIN

(1064-1166; de J.-C., 411-413.)

986. D. N. IOVINVS P. F. AVG. Son buste diadémé et drapé, à droite.

℞. VICTORIA AVGG. Jovin en habit militaire, debout, tenant un étendard et un globe surmonté d'une Victoire, et posant le pied gauche sur un captif couché ; à l'exergue, TROBS. (N° 5.) T.B. OR.

ATTALE

(1162-1169; de J.-C., 409-416.)

987. PRISCVS ATTALVS P. F. AVG. Son buste diadémé, drapé et cuirassé, à droite.

℞. INVICTA ROMA AETERNA. Rome casquée, assise, de face, tenant de la main droite un globe surmonté d'une Victoire qui lui présente une couronne, et de la gauche, un sceptre ; dans le champ, R.M. ; à l'exergue, COMOB. (N° 3.) F.D.C. OR.

JEAN

(1176-1178 ; de J.-C., 423-425.)

988. D. N. IOHANNES P. F. AVG. Son buste diadémé, drapé et cuirassé, à droite.

℞. VICTORIA AVGGG. Jean debout, tenant un étendard et un globe surmonté d'une Victoire, et posant le pied sur un captif ; dans le champ, R. V. ; à l'exergue, COMOB. (N° 4.) F.D.C. OR.

989. D. N. IOHANNES P. F. AVG. Son buste diadémé, drapé et cuirassé, à droite.

℞. VICTORIA AVGVSTORVM. Victoire marchant à droite, tenant une couronne et un globe surmonté d'une croix ; dans le champ, R. V. ; à l'exergue, COMOB. (N° 8.) Tiers de sou. F.D.C. OR.

VALENTINIEN III

(1177-1208 ; de J.-C., 424-455.)

990. D. N. VALENTINIANVS P. F. AVG. Son buste casqué et cuirassé, de face, tenant une haste et un bouclier.

℞. SALVS REIPVBLICAE A. Théodose II et Valentinien nimbés, assis tous deux sur le même siège, tenant chacun un linge et une croix ; au-dessus, une étoile ; à l'exergue, CONOB. (Inédite.) Trouée. F.D.C. OR.

991. D. N. PLA. VALENTINIANVS P. F. AVG. Son buste diadémé, drapé et cuirassé, à droite.

℞. SALVS REIPVBLICAE. Autour d'une couronne de laurier dans laquelle on voit le chrisme ; à l'exergue, COMOB. (N° 10.) (Collection d'Amécourt.) T.B. OR. Q.

992. D. N. VALENTINIANVS P. F. AVG. Son buste diadémé et drapé, à droite.

℞. VICTORIA AGG. Victoire à demi nue, à droite, écrivant XX. XXX. sur un bouclier posé sur son genou; dans le champ, ☧; à l'exergue, CONOB. (N° 14.) Trouée. T.B. OR. Q.

993. D. N. PLA. VALENTINIANVS P. F. AVG. Même buste.

℞. VICTORIA AVGGG. N. Valentinien debout, de face, posant le pied droit sur une tête de dragon, et tenant une croix et un globe surmonté d'une Victoire; dans le champ, R.M.; à l'exergue, COMOB. (N° 19.) B. OR.

994. La même médaille, mais avec R. V. dans le champ. (N° 19.) T.B. OR.

995. Même buste et même légende; au-dessus de la tête, une petite couronne.

℞. Même type. R. V. dans le champ. (N° 21.) F.D.C. OR.

996. Même légende. Son buste diadémé, drapé et cuirassé, à droite.

℞. VICTORIA AVGGG. Théodose II et Valentinien debout, de face, tenant chacun une croix et un globe; entre eux, une tête de dragon; une main couronne Valentinien; dans le champ, R.M.; à l'exergue, COMOB. (N° 25.) (Collection d'Amécourt.) F.D.C. OR.

997. Même buste et même légende.

℞. VICTORIA AVGVSTORVM. Victoire à demi nue, assise, à droite, sur une cuirasse, posant sur un cippe un bouclier que lui présente un génie et sur lequel est le chrisme; dans le champ, R.V.; à l'exergue, COMOB. (N° 29.) (Collection d'Amécourt.) T.B. OR. Q.

998. D. N. PLA. VALENTINIANVS P. F. AVG. Son buste diadémé, à gauche, avec le manteau impérial, tenant un linge (*mappa*) et une croix.

℞. VOT. X. MVLT. XX. Valentinien assis, de face, tenant un linge et une croix; dans le champ, R.V.; à l'exergue, COMOB. (N° 41.) T.B. OR.

999. D. N. PLA. VALENTINIANVS P. F. AVG. Son buste diadémé, à gauche, avec le manteau impérial, tenant un linge (*mappa*) et une croix.

℞. VOT. XXX. MVLT. XXXX. Valentinien debout, de face, en habits impériaux, tendant la main à une femme agenouillée et tenant une croix; dans le champ, R. M.; à l'exergue, COMOB. (N° 44.) (Collection d'Amécourt.) F.D.C. OR.

1000. D. N. PLA. VALENTINIANVS P. F. AVG. Son buste diadémé et drapé, à droite.

℞. Sans légende. Croix dans une couronne de laurier; à l'exergue, COMOB. (N° 49.) Tiers de sou. F.D.C. OR.

LICINIA EUDOXIE (Fille de Théodose II et femme de Valentinien III).

1001. LICINIA EVDOXIA. Son buste radié, de face, avec deux longs bandeaux de perles; sur sa tête, une croix.

℞. SALVS REIPVBLICAE. Eudoxie assise, de face, tenant un globe surmonté d'une croix et une croix; dans le champ, R. V.; à l'exergue, COMOB. (N° 1.) T.B. OR.

1002. Même légende. Son buste, de face, avec deux rayons sur la tête et deux longs bandeaux de perles.

℞. VOT. XXX. MVLT. XXXX. Eudoxie et Valentinien debout, de face; Eudoxie tient un sceptre et Valentinien un globe surmonté d'une croix; dans le champ, R. M.; à l'exergue, COMOB. (N° 2.) T.B. OR.

HONORIA (Sœur de Valentinien III).

1003. D. N. IVST. GRAT. HONORIA P. F. AVG. Son buste diadémé et drapé, à droite, couronné par une main d'en haut et portant une croix sur l'épaule droite.

℞. BONO REIPVBLICAE. Victoire debout, à gauche, tenant une croix; en haut, une étoile; dans le champ, R. V.; à l'exergue, COMOB. (N° 1.) F.D.C. OR.

1004. D. N. IVST. GRAT. HONORIA P. F. AVG. Son buste diadémé et drapé, à droite.

℞. Sans légende. Croix dans une couronne de laurier; à l'exergue, COMOB. (N° 5.) Tiers de sou. T.B. OR.

PÉTRONE MAXIME

(1208; de J.-C., 455.)

1005. D. N. PETRONIVS MAXIMVS P. F. AVG. Son buste diadémé, drapé et cuirassé, à droite.

℞. VICTORIA AVGGG. Pétrone Maxime debout, de face, écrasant du pied droit la tête d'un dragon, et tenant une croix et un globe surmonté d'une Victoire; dans le champ, R. M.; à l'exergue, COMOB. (N° 1.) F.D.C. OR.

AVITE

(1208-1209; de J.-C., 455-456.)

1006. D. N. AVITVS PERP. F. AVG. Son buste diadémé, drapé et cuirassé, à droite.

℞. VICTORIA AVGGG. Avite debout, de face, regardant à droite, posant le pied gauche sur un captif couché à terre, et tenant une croix et un globe surmonté d'une Victoire; dans le champ, A. R.; à l'exergue, COMOB. (N° 5.) T.B. OR.

1007. D. N. AVITVS P. F. AVG. Son buste diadémé et drapé, à droite.

℞. Même type et même légende; mais, dans le champ, R. M. (Inédite.) T.B. OR.

1008. D. N. AVITVS VER. P. F. AVG. Son buste diadémé et drapé, à droite; au-dessus de la tête, une croix.

℞. Sans légende. Croix dans une couronne de laurier; à l'exergue, COMOB. (N° 13 var.) Tiers de sou. F.D.C. OR.

MAJORIEN

(1210-1214; de J.-C., 457-461.)

1009. D. N. IVLIVS MAIORIANVS P. F. AVG. Son buste casqué, diadémé et drapé, à droite, tenant une haste dirigée à droite, et un bouclier orné du chrisme.

℞. VICTORIA AVGGG. Majorien debout, tenant une croix et un globe surmonté d'une Victoire, le pied posé sur la tête d'un serpent à tête humaine. Dans le champ, A. R.; à l'exergue, COMOB. ✱ (N° 1.) Un peu ébréchée au revers, mais F.D.C. OR.

1010. Même médaille, mais au revers R. V. dans le champ, et sans étoile à l'exergue. (N° 1.) F.D.C. OR.

1011. D. N. IVL. MAIORIANVS P. F. AVG. Son buste diadémé et drapé, à droite.

℞. Sans légende. Croix dans une couronne de laurier; à l'exergue, COMOB. (N° 19.) Tiers de sou. T.B. OR.

SÉVÈRE III

(1214-1218; de J.-C., 461-465.)

1012. D. N. LIBIVS SEVERVS P. F. AVG. Son buste diadémé, drapé et cuirassé, à droite.

℞. SALVS REIPVBLICAE. Autour d'une couronne de laurier dans laquelle on voit le chrisme; à l'exergue, COMOB. (N° 2.) F.D.C. OR. Q.

1013. D. N. LIBIVS SEVERVS P. F. AVG. Même buste.

℞. VICTORIA AVGGG. Sévère debout, de face, posant le pied droit sur la tête d'un serpent à tête humaine, et tenant une croix et un globe surmonté de la victoire. Dans le champ, R. M.; à l'exergue, COMOB. (N° 8.) T.B. OR.

1014. D. N. IIBIVS SEVERVS P. F. AVG. Même buste.

℞. Même type et même légende, mais dans le champ, R. A. (N° 8 var.) F.D.C. OR.

1015. D. N. LIB. SEVERVS P. F. AVG. Même buste.

℞. Sans légende. Croix dans une couronne de laurier; à l'exergue, COMOB. (N° 19.) Tiers de sou. T.B. OR.

ANTHÈME

(1220-1225; de J.-C., 467-472.)

1016. D. N. PROC. ANTHEMIVS P. F. AVG. Son buste casqué et cuirassé, de face, tenant une haste et un bouclier.

℞. SALVS REIPVBLICAE. Anthème et Léon nimbés et en toge, debout, de face l'un et l'autre, soutenant une croix et tenant chacun un globe; dans le champ, R. V.; à l'exergue, COMOB. (N° 2.) T.B. OR.

1017. Même légende. Son buste diadémé et drapé, à droite.

℞. Même type. (N° 3 var.) T.B. OR.

1018. D. N. ANTHEMIVS P. F. AVG. Son buste casqué et cuirassé, de face, tenant une haste et un bouclier.

℞. SALVS REIPVBLICAE. Anthème et Léon en habit militaire, debout, de face, soutenant un globe surmonté d'une croix et tenant chacun une haste; dans le champ, le chrisme; à l'exergue, CORMOB. (Inédite.) F.D.C. OR.

1019. D. N. ANTHEMIVS P. F. AVG. Son buste casqué et drapé, de face, tenant une haste et un bouclier.

℞. Même type et même légende; à l'exergue, COMOB. (N° 5 var.) F.D.C. OR.

1020. D. N. ANTHEMIVS P. F. AVG. Son buste casqué et drapé, de face, tenant seulement une haste.

℞. Même type et même légende, mais dans le champ, ROMA en monogramme; à l'exergue, COMOB. (Inédite.) F.D.C. OR.

1021. D. N. ANTHEMIVS P. F. AVG. Son buste diadémé, drapé et cuirassé, à droite.

℞. SALVS REIPVBLICAE. Autour d'une couronne de laurier dans laquelle on voit le chrisme; à l'exergue, CONOB. (N° 15.) F.D.C. OR. Q.

1022. D. N. ANTHEMIVS PERPET. AVG. Son buste diadémé et drapé, à droite.

℞. Sans légende. Croix dans une couronne de laurier; à l'exergue, COMOB. (N° 25.) Tiers de sou. T.B. OR.

OLYBRIUS

(1208-1225; de J.-C., 455-472.)

1023. D. N. ANICIVS OLYBRIVS AVG. Son buste casqué et cuirassé, de face.

℞. SALVS MVNDI. Croix; à l'exergue, COMOB. (N° 3.) B. OR.

1024. D. N. ANICIVS OLYBRIVS P. F. AVG. Son buste diadémé et drapé, à droite.

℞. Sans légende. Croix dans une couronne de laurier; à l'exergue, CONOB. (Var. inédite.) Tiers de sou. T.B. OR.

GLYCÈRE

(1226-1227; de J.-C., 473-474.)

1025. D. N. GLYCERIVS F. P. (*sic*) AVG. Son buste diadémé et drapé, à droite.

℞. VICTORIA AVGG. Glycère debout, de face, posant le pied gauche sur un tabouret et tenant une croix et un globe surmonté d'une Victoire; dans le champ, R. V.; à l'exergue, COMOB. (N° 1.) (Collection Racine.) T.B. OR.

1026. Même buste et même légende.

℞. VICTORIA AVGGG. Même type, mais Glycère posant le pied droit sur le tabouret; dans le champ, R. V.; à l'exergue, COMOB. (N° 3.) F.D.C. OR.

1027. D. N. GLYCERIVS P. F. AVG. Son buste diadémé et drapé, à droite.

℞. Sans légende. Croix dans une couronne de laurier; à l'exergue, COMOB. (N° 7.) Tiers de sou. F.D.C. OR.

JULES NÉPOS

(1227-1233; de J.-C., 474-480.)

1028. D. N. IVL. NEPOS P. F. AVG. Son buste casqué et cuirassé, de face, tenant une haste et un bouclier sur lequel est représenté l'empereur à cheval.

℞. VICTORIA AVGGG. Victoire debout, à gauche, tenant une croix; dans le champ, M. D.; à l'exergue, COMOB. entre deux points. (N° 5.) T.B. OR.

1029. D. N. IVL. NEPOS P. F. AVG. Son buste diadémé et drapé, à droite.

℞. Sans légende. Croix dans une couronne de laurier; à l'exergue, COMOB. (N° 16.) Tiers de sou. F.D.C. OR.

1030. D. N. IVI. (*sic*) NEPOS P. F. AVG. Son buste diadémé et drapé, à droite, surmonté d'une croix.

℞. Même type. (N° 24.) Tiers de sou. T.B. OR.

ROMULUS AUGUSTE OU AUGUSTULE

(1228-1229; de J.-C., 475-476.)

1031. D. N. ROMVLVS AVGVSTVS P. F. AVG. (AV en monogramme.) Son buste casqué et cuirassé, de face, tenant une haste et un bouclier.

℞. VICTORIA AVGGG. Victoire debout, à gauche, tenant une croix; dans le champ, R. M. et une étoile; à l'exergue, COMOB. (N° 4 var.) (Collection du Prince Hercolani.) F.D.C. OR.

1032. Même médaille, mais avec une étoile, à droite, au lieu de lettres dans le champ. (N° 4 var.) F.D.C. OR.

1033. D. N. ROMVLVS AGVSTVS (*sic*) P. F. AVG. (AV en monogramme.) Son buste diadémé et drapé, à droite.

℞. Sans légende. Croix dans une couronne de laurier; à l'exergue, COMOB. (N° 10.) Tiers de sou. T.B. OR.

EMPIRE D'ORIENT

ARCADIUS

(395-408.)

1034. D. N. ARCADIVS P. F. AVG. Buste casqué d'Arcadius, en costume militaire, vu de trois quarts et portant la lance sur l'épaule; le bouclier de l'empereur offre un cavalier terrassant un ennemi.

℞. CONCORDIA AVGG. S. Constantinople casquée, assise, de face, et regardant à droite, le pied droit sur une proue de vaisseau, tenant la haste et le globe nicéphore; à l'exergue, CONOB. (S. 11 [1].) Sou d'or. F.D.C.

1035. D. N. ARCADIVS P. F. AVG. Son buste diadémé et drapé, à droite.

℞. CONCORDIA AVGGG. H. Constantinople casquée, assise, de face, regardant à droite, tenant la haste; devant elle, un bouclier posé sur un cippe sur lequel on voit VOT. X. MVLT. XV.; à l'exergue, CONOB. (S. 14 var.) Sou d'or. T.B. OR.

1036. D. N. ARCADIVS P. F. AVG. Buste casqué d'Arcadius, en costume militaire, vu de trois quarts, et portant la lance sur l'épaule; le bouclier de l'empereur offre un cavalier terrassant un ennemi.

℞. NOVA SPES REIPVBLICAE. Victoire à demi nue, assise, à droite, sur une cuirasse, traçant les chiffres $\frac{XX}{XXX}$ sur un bouclier qu'elle tient sur ses genoux; à l'exergue, CONOB. (S. 17.) Sou d'or. T.B. OR.

EUDOXIE (Femme d'Arcadius, 395-404).

1037. AEL. EVDOXIA AVG. Buste diadémé d'Eudoxie, à droite; au-dessus de la tête, une main tenant une couronne.

℞. VICTORIA AVGGG. A l'exergue, CONOB. Victoire, à gauche, tenant une longue croix; dans le champ, à droite, une étoile. (Inédite.) Sou d'or. T.B. OR.

1. Les numéros cités sont ceux de l'ouvrage de Sabatier, *Monnaies byzantines*, etc., 2 vol. in-8°. Rollin, Paris, 1862.

1038. AEL. EUDOXIA AVG. Son buste diadémé et drapé, à droite.

℞. Sans légende. Croix dans une couronne de laurier; à l'exergue, CONOB. et une étoile (Inédite.) Tiers de sou. B. OR.

1039. AEL. EVDOXIA AVG. Son buste diadémé et drapé, à droite.

℞. Sans légende. Croix dans une couronne de laurier; à l'exergue, CON. (Inédite.) Tiers de sou. T.B. OR.

THÉODOSE II

(408-450.)

1040. D. N. THEODOSIVS P. F. AVG. Buste casqué et tourné à droite de Théodose, en costume militaire, tenant un bouclier et une haste; sur un bouclier, un cavalier terrassant un ennemi.

℞. GLORIA REIPVBLICAE. Rome et Constantinople casquées, assises et soutenant un bouclier sur lequel on lit, en quatre lignes : VOT. XV. MVL. XX. Chacune tient un sceptre; sous les pieds de celle de droite, une proue de vaisseau ; à l'exergue, CONOB ; dans le champ, une étoile. (S. 4 var.) (Collection d'Amécourt.) F.D.C. OR.

1041. D. N. THEODOSIVS P. F. AVG. Buste casqué et de face de Théodose II, en costume militaire, tenant le bouclier et la lance sur l'épaule droite.

℞. IMP. XXXXII. COS. XVII. P. P. Θ. Rome casquée, assise, à gauche, tenant le globe crucigère dans la main droite; un bouclier à terre, derrière son siège ; à l'exergue, COMOB. (S. 5.) B. OR.

1042. La même médaille. T.B. OR.

1043. Même buste et même légende.

℞. SALVS REIPVBLICAE. Théodose assis, de face, tenant un *volumen* dans sa main droite élevée, et de l'autre main une croix ; à sa gauche, un *auguste* (Valentinien III), de face et debout, la main droite élevée et tenant le globe crucigère dans la main gauche ; à l'exergue, CONOB. (S. 8 var.) B. OR.

1044. Même légende et même buste.

℞. SALVS REIPVBLICAE. Théodose et Valentinien III assis, de face, tenant chacun un volumen dans la main droite élevée, et de l'autre main une croix ; à l'exergue, CONOB. (Inédite.) T.B. OR.

1045. Même type et même légende.

℞. SALVS REIPVBLICAE N. Même type. T.B. OR.

1046. D. N. THEODOSIVS P. F. AVG. Son buste diadémé et drapé, à droite.

℞. VICTORIA AVGGG. Théodose debout, à droite, tenant le labarum et le globe nicéphore, le pied posé sur un captif; dans le champ, R. V. (Ravenne); à l'exergue, COMOB. (S. 10.) Sou d'or. B. OR.

1047. D. N. THEODOSIVS P. F. AVG. Buste diadémé de Théodose, à droite.

℞. Pas de légende. Trophée d'armes entre deux étoiles; à l'exergue, CONOB. (S. 16.) Tiers de sou. T.B. OR.

1048. D. N. THEODOSIVS P. F. AVG. Son buste diadémé et drapé, à droite.

℞. VICTORIA AVGG. Victoire assise, à droite, écrivant sur un bouclier XX/XXX; dans le champ, une étoile et ☧; à l'exergue, CONOB. (S. 19.) Demi-sou. B. OR.

1049. D. N. THEODOSIVS P. F. AVG. Son buste diadémé et drapé, à droite.

℞. VICTORIA AVGG. Victoire assise, à droite, écrivant sur un bouclier XXXV; dans le champ, ☧; à l'exergue, CONOB. (S. 19 var.) Demi-sou. B. OR.

EUDOXIE (Femme de Théodose II, 421-450).

1050. AEL. EVDOCIA AVG. Buste diadémé d'Eudocia, à droite; au-dessus de la tête, une main tenant une couronne.

℞. VOT. XX. MVLT. XXX., et à l'exergue, CONOB. Victoire, à gauche, tenant une longue croix; en haut, une étoile. (S. 1 var.) F.D.C. OR.

1051. AEL. EVDOXIA AVG. Buste diadémé d'Eudoxie, à droite.

℞. Monogramme de Christ dans une couronne; à l'exergue, CONOB. (S. 9 var.) Demi-sou. T.B. OR.

1051 *bis*. AEL. EVDOCIA AVG. Buste diadémé d'Eudoxia, à droite.

℞. Croix dans une couronne. (S. 10 var.) Tiers de sou. T.B. OR.

MARCIEN

(450-457.)

1052. D. N. MARCIANVS P. F. AVG. Buste casqué, de face, de Marcien en costume militaire, avec le bouclier au cavalier et la lance sur l'épaule droite.

℞. VICTORIA AVGGG. Victoire debout, à gauche, tenant une longue croix; dans le champ, une étoile; à l'exergue, CONOB. (S. 4.) T.B. OR.

1053. D. N. MARCIANVS P. F. AVG. Buste diadémé de Marcien, à droite.

℞. VICTORIA AVGGG. L'empereur, de face, debout, en habit militaire, le pied droit sur une tête de dragon, et tenant une longue croix et un globe nicéphore; à l'exergue, COMOB; dans le champ, R. V. (S. 5.) (Collection d'Amécourt.) T.B. OR.

1054. D. N. MARCIANVS P. F. AVG. Buste diadémé de Marcien, à droite.

℞. VICTORIA AVGVSTORVM. Victoire marchant, tenant une couronne et le globe crucigère; dans le champ, à droite, une étoile, et à l'exergue, CONOB. (S. 8.) Tiers de sou. T.B. OR.

PULCHÉRIE (Femme de Marcien, 414-453).

1055. AEL. PVLCHERIA AVG. Son buste diadémé, à droite; une main la couronne.

℞. VOT. XX. MVLT. XXXΓ. A l'exergue, CONOB. Victoire debout, à gauche, tenant une longue croix. (S. 4.) F.D.C. OR.

1056. Même légende et même tête, sans la main au-dessus.

℞. Longue croix dans une couronne de laurier; à l'exergue, CONOB et une étoile. (S. 9.) Tiers de sou. T.B. OR.

LÉON Ier

(457-474.)

1057. D. N. LEO PERPET. AVG. Buste casqué, de face, de Léon en costume militaire, avec bouclier et la lance sur l'épaule droite.

℞. VICTORIA AVGGGB. Victoire marchant à gauche, tenant une longue croix; dans le champ, une étoile; à l'exergue, CONOB. (S. 4.) F.D.C. OR.

1058. D. N. LEO PERPET. AVG. Buste casqué et de face de Léon en costume militaire, avec un bouclier et la lance sur l'épaule droite.

℞. VICTORIA AVGGGH. Victoire marchant à gauche, tenant une longue croix; dans le champ, une étoile; à l'exergue, CONOB. (S. 4 var.) T.B. OR.

1059. D. N. LEO PERPET. AVG. Buste diadémé de Léon vêtu de la robe à carreaux ornée de perles, et tourné à gauche; dans la main droite, le volumen, et dans l'autre une longue croix.

℞. VICTORIA AVGGG. A l'exergue, THSOB. L'empereur, de face, nimbé, assis sur le trône, la main droite élevée et tenant dans l'autre le globe crucigère; dans le champ, une étoile. (S. 5.) F.D.C. OR.

1060. Même légende; buste diadémé de Léon, à droite.

℞. VICTORIA AVGGG. L'empereur diadémé, debout et de face, tenant une longue croix et le globe nicéphore, le pied droit posé sur la tête d'un dragon; dans le champ, M. D. ; à l'exergue, CONOB. (S. 6.) B. OR.

1061. D. N. LEO PERPET. AVG. Son buste diadémé et drapé, à droite.

℞. VICTORIA AVGVSTORVM. Victoire debout, à gauche, tenant la couronne et le globe; dans le champ, une étoile; à l'exergue, CONOB. (S. 9.) Tiers de sou. B. OR.

1062. D. N. LEO PERPET. AVG. Son buste diadémé, à droite.

℞. VICTORIA AVGG. Victoire à demi nue, assise, à droite, sur une cuirasse, écrivant sur un bouclier XV. XXX; dans le champ, ☧, et à l'exergue, CONOB. (S. 8 var.) Trouée. Demi-sou. B. OR.

1063. D. N. LEO PERPETVVS AVG. Son buste diadémé et drapé, à droite.

℞. Croix dans une couronne de laurier; à l'exergue, CONOB. (S. 10.) Tiers de sou. T.B. OR.

VÉRINE (Femme de Léon Ier, 457-474).

1064. AEL. VERINA AVG. Buste diadémé de Vérine, à droite, couronné par une main céleste.

℞. VICTORIA AVGGG. Victoire, à gauche, tenant une longue croix; dans le champ, à droite, une étoile; à l'exergue, CONOB. (S. 1.) (Collection d'Amécourt.) T.B. OR.

1065. Même légende et même buste, mais sans la main qui tient la couronne.

℞. Croix dans une couronne de laurier; à l'exergue, CONOB. (S. 2.) Tiers de sou. B. OR.

LÉON II JEUNE ET ZÉNON

1066. D. N. LEO ET ZENO P. P. AVG. Buste casqué et de face de Léon II en costume militaire, avec le bouclier et la lance sur l'épaule droite.

℞. SALVS REIPVBLICAE. Léon II et, à sa gauche, son père, tous deux nimbés et assis, de face; entre les deux têtes, une croix surmontée d'une étoile; à l'exergue, CONOB. (S. 1.) T.B. OR.

1067. D. N. LEO ET ZENO P. P. AVG. Buste diadémé de Léon II, à droite.

℞. VICTORIA AVGVSTORVM. Victoire marchant, tenant une couronne et le globe crucigère; dans le champ, une étoile, et à l'exergue, CONOB. (S. 3.) Tiers de sou. T.B. OR.

ZÉNON

(474-491.)

1068. D. N. ZENO PERP. AVG. Buste casqué, de face, de Zenon en costume militaire, avec bouclier et la lance sur l'épaule droite.

℞. VICTORIA AVGGGA. Victoire marchant à gauche, tenant une longue croix; dans le champ, une étoile, et à l'exergue, COMOB. (S. 1 var.) F.D.C. OR.

1069. D. N. ZENO PERP. AVG. Buste casqué, de face, de Zénon en costume militaire, avec le bouclier et la lance sur l'épaule droite.

℞. VICTORIA AVGGGT. Victoire marchant à gauche, tenant une longue croix; dans le champ, une étoile; à l'exergue, CONOB. (S. 1 var.) T.B. OR.

1070. D. N. ZÉNO PERP. AVG. Buste diadémé de Zénon, à droite.

℞. VICTORIA AVGGG. Victoire assise, à droite, sur une cuirasse, et tenant sur ses genoux un bouclier où elle inscrit le chiffre XXVI à rebours; devant, le monogramme du Christ; derrière, une étoile; à l'exergue, CONOB. (S. 3.) Demi-sou. B. OR.

1071. La même médaille avec XXX. sur le bouclier. (S. 3.) Demi-sou. B. OR.

1072. D. N. ZENO PERP. AVG. Buste diadémé de Zénon, à droite.

℞. VICTORIA AVGVSTORVM. Victoire marchant à gauche, tenant une couronne; dans le champ, une étoile; à l'exergue, CONOB. (S. 6.) Tiers de sou. T.B. OR.

1073. Même légende et même buste.

℞. Croix dans une couronne de laurier; à l'exergue, CONOB. (S. 7.) Tiers de sou. F.D.C. OR.

1074. La même médaille. (S. 7.) Tiers de sou. T.B. OR.

ARIADNE (Femme de Zénon, 459-515).

1075. AEL. ARIADNE AVG. Buste diadémé d'Ariadne, à droite.

℞. Croix dans une couronne de laurier; à l'exergue, CONOB et une étoile. (S. 2.) (Collection d'Amécourt.) Tiers de sou. B. OR.

ZENO ET LÉON

1076. D. N. ZENON ET LEO NOV. CAES. Buste casqué et de face de Zénon en habit militaire, avec bouclier et lance.

℞. VICTORIA AVGGG. N. Victoire debout, à gauche, tenant une longue croix; dans le champ, à droite, une étoile; à l'exergue, CONOB. (Inédite.) T.B. OR.

BASILISCUS

(476-477.)

1077. D. N. BASILISCVS PP. AVG. Buste casqué, de face, de Basiliscus en costume militaire, avec le bouclier et la lance sur l'épaule droite.

℞. VICTORIA AVGGGΘ. Victoire, à gauche, tenant une longue croix; dans le champ, une étoile; à l'exergue, CONOB. (S. 1.) F.D.C. OR.

1078. D. N. BASILISCVS PP. AVG. Buste diadémé de Basiliscus, à droite.

℞. VICTORIA AVGVSTORVM. Victoire marchant à gauche, tenant la couronne et le globe crucigère; dans le champ, une étoile; à l'exergue, CONOB. (S. 6.) Tiers de sou. B. OR.

1079. D. N. BASILISCVS PERT. AVG. Buste diadémé, à droite.

℞. Croix dans une couronne; à l'exergue, CONOB. (S. 7.) (Collection d'Amécourt.) Tiers de sou. B. OR.

BASILISCUS AVEC SON FILS MARCUS

1080. D. N. BASILISCI ET MARC. P. AVGP. Buste casqué, de face, de Basiliscus, avec le bouclier et tenant la lance sur l'épaule droite.

℞. VICTORIA AVGGF. Victoire marchant à gauche et tenant une longue croix; dans le champ, à droite, une étoile; à l'exergue, CONOB. (S. 2.) T.B. OR.

ANASTASE

(479-518.)

1081. D. N. ANASTASIVS P. P. AVG. Buste de face et casqué d'Anastase, avec le bouclier et tenant la lance sur l'épaule droite.

℞. VICTORIA AVGGG. I. Victoire debout, à gauche, tenant une haste terminée en haut par le monogramme du Christ; dans le champ, une étoile, et, à l'exergue, CONOB. (S. 1 var.) T.B. OR.

1082. D. N. ANASTASIUS P. F. AVG. Même buste.

℞. VICTORIA AVGGGA. Victoire debout, à gauche, tenant une longue croix. Dans le champ, à droite, une étoile; à l'exergue, COMOB. (S. 2.) F.D.C. OR.

1083. D. N. ANASTASIVS P. P. AVG. Buste de face et casqué d'Anastase, avec le bouclier et tenant la lance sur l'épaule droite.

℞. VICTRIA AVGGGΘ. Même type; à l'exergue, CONOB. (S. 2.) T.B. OR.

1084. Même buste et même légende.

℞. VICTORIA AVGGG. Ω. Même type; dans le champ, à gauche, MD. (en monogramme), et, à droite, une étoile; à l'exergue, CONOB. (S. 2 var.) T.B. OR.

1085. D. N. ANASTASIVS P. P. AVG. Buste de face et casqué d'Anastase, avec le bouclier et tenant la lance sur l'épaule droite.

℞. VICTORIA AVGGG. Victoire tenant une longue croix; dans le champ, à droite et à gauche, une étoile; à l'exergue, CONOB. (Inédite.) F.D.C. OR.

1086. Même légende, buste diadémé d'Anastase, à droite.

℞. Même légende. Victoire à demi nue, assise, à droite, et écrivant le nombre XXXX sur un bouclier qu'elle tient sur ses genoux; étoile et monogramme du Christ dans le champ; à l'exergue, CONOB. (S. 4.) Demi-sou. B. OR.

1087. D. N. ANASTASIVS P. F. AVG. Même buste.

℞. VICTORIA AVGVSTORVM. A l'exergue, CONOB. Victoire regardant à gauche, et tenant la couronne et le globe crucigère; dans le champ, une étoile. (S. 5.) Tiers de sou. T.B. OR.

1088. D. N. ANASTASIVS PR. F. AVG. Buste diadémé d'Anastase, à droite.

℞. VICTORIA AGVSTORVM. Victoire marchant à droite, tenant une couronne et une palme; à l'exergue, CONOB. (Var. inédite.) Tiers de sou. T.B. OR.

1089. D. N. ANASTASIVS P. F. AVG. Buste diadémé de l'empereur, à droite.

℞. VICTORIA AGVSTORVM. Victoire assise sur une cuirasse, tenant avec un génie ailé un bouclier sur lequel on lit : VOT. P. C.; à l'exergue, COMOB. (S., var. du n° 6.) (Collection d'Amécourt.) Demi-sou. T.B. OR.

JUSTIN Ier

(518-527.)

1090. D. N. IVSTINVS P. P. AVG. Buste casqué, de face, de Justin, avec le bouclier, tenant la lance sur l'épaule droite.

℞. VICTORIA AVGGGA. Victoire, de face et debout, tenant une longue croix et le globe crucigère; dans le champ, une étoile; à l'exergue, CONOB. (S. 1.) B. OR.

1091. D. N. IVSTINVS P. P. AVG. Même buste.

℞. VICTORIA AVGGG. Victoire, à gauche, tenant une longue croix; dans le champ, deux étoiles; à l'exergue, CONOB. (Inédite.) T.B. OR.

1092. Même buste et même légende.

℞. VICTORIA AVGGGIS. Victoire debout, à gauche, tenant une longue croix terminée en haut par le monogramme du Christ; dans le champ, une étoile; à l'exergue, CONOB. (N° 2.) T.B. OR.

1093. D. N. IVSTINVS P. P. AVG. Son buste diadémé et drapé, à droite.

℞. VICTORIA AVGGG. Victoire assise, à droite, sur une cuirasse, écrivant XXXX sur un bouclier; dans le champ, une étoile et le monogramme du Christ; à l'exergue, CONOB. (S. 3.) Demi-sou. T.B. OR.

1094. Même légende. Buste diadémé, à droite.

℞. VICTORIA AVGVSTORVM. Victoire regardant à gauche, tenant une couronne et le globe crucigère; dans le champ, une étoile, et à l'exergue, CONOB. (S. 4.) Tiers de sou. B. OR.

JUSTIN ET JUSTINIEN

1095. D. N. IVSTINV. ET IVSTINIANVS. P.P. AVG. Les deux empereurs nimbés, tenant le globe dans la main droite, et assis, de face; entre leurs têtes, une croix, et à l'exergue, CONOB.

℞. VICTORIA AVGGGH. Victoire debout, de face, tenant une longue croix et le globe crucigère; dans le champ, une étoile; à l'exergue, CONOB. (S. 1 var.) T.B. OR.

1096. D. N. IVSTIN. ET IVSTINAN. P. P. AVG. Même type; à l'exergue, CONOB.

℞. VICTORIA AVGGGΔ. Même type. (S. 1 var.) T.B. OR.

JUSTINIEN

(527-565.)

1097. D. N. IVSTINIANVS P. P. AVG. Buste casqué, de face, de Justinien Ier, tenant la lance sur l'épaule droite.

℞. VICTORIA AVGGG. Victoire, à gauche, tenant une longue croix; dans le champ, deux étoiles; à l'exergue, CONOB. (Inédite.) T.B. OR.

1098. D. N. IVSTINIANVS P. P. AVG. Buste casqué, de face, de Justinien Ier, tenant la lance sur l'épaule droite.

℞. VICTORIA AVGGI. Victoire, de face, tenant une longue croix et le globe crucigère; dans le champ, une étoile; à l'exergue, CONOB. (S. 2.) T.B. OR.

1099. D. N. IVSTINIANVS P.P. AG. Buste de face et casqué de Justinien, tenant le globe crucigère dans la main droite.

℞. VICTORIA AVGGGA. Victoire, de face, tenant une croix terminée par le monogramme du Christ, et, de l'autre main, le globe crucigère; dans le champ, une étoile; à l'exergue, CONOB. (S. 3.) B. OR.

1100. D. N. IVSTINIANVS P. P. AVG. Même buste.

℞. VICTORIA AVGGGN. Victoire debout, de face, tenant une longue croix et le globe crucigère; dans le champ, à droite, une étoile; à l'exergue, CONOB. (S. 3, var. inédite.) T.B. OR.

1101. DN. IVSTINIANVS P. P. AVG. Buste diadémé de Justinien, à droite.

℞. VICTORIA AVGGG. Victoire à demi nue, assise, à droite, sur des armes et inscrivant le nombre XXXX sur un bouclier. Dans le champ, à gauche, une étoile; à droite, le monogramme du Christ, et à l'exergue, CONOB. (S. 4.) Demi-sou. B. OR.

1102. Même légende; buste diadémé, à droite.

℞. Victoire tournée à gauche, tenant une couronne et le globe crucigère; dans le champ, à droite, une étoile. (S. 6.) Tiers de sou. B. OR.

1103. D. N. IVSTINIANVS P. P. AVG. en monogramme. Buste diadémé de Justinien, à droite.

℞. VICTORIA AVGVSTORVM. Victoire tournée à gauche, tenant la couronne et le globe. Dans le champ, une étoile; à l'exergue, CONOB. (S. 6.) Tiers de sou. T.B. OR.

JUSTIN II

(565-578.)

1104. D. N. IVSTINVS P. P. AV. Buste de face et casqué de Justin II, avec le bouclier et tenant un globe nicéphore dans la main droite.

℞. VICTORIA AVGGG. N. Victoire assise, à droite, tenant une haste et le globe crucigère; à l'exergue, CONOB. (S. 1.) B. OR.

TIBÈRE II CONSTANTIN

(578-582.)

1105. D· N· TIB· CONSTANT· P· P. AV· Buste, de face (avec la tête ornée d'un diadème surmonté d'une croix) de Tibère en costume militaire, avec le bouclier orné du cavalier qui tient le globe crucigère dans la main droite.

℞. VICTORIA AVGG· Γ. Croix sur quatre degrés; à l'exergue, CONOB. (S. 1.) T.B. OR.

1106. Même pièce, d'un style différent; à la fin de la légende du revers, Γ. (S. 1.) B. OR.

1107. D· M· COSTANTINVS P· P· AG. Buste diadémé de Tibère Constantin, à droite.

℞. VICTOR· TIBERI· AVG. Croix; à l'exergue, CONOB· (S. 5.) Tiers de sou. F.D.C. OR.

TIBÈRE II CONSTANTIN, MAURICE TIBÈRE ET ANASTASIE

1108. D· N· TIbER· MAVRIC· P· P. AV ANA. Buste, de face, avec la tête ornée d'un diadème surmonté d'une croix, tenant le globe crucigère et portant le bouclier orné du cavalier.

℞. VICTORIA AVGG· A· Victoire debout, de face, tenant une longue croix, surmontée du monogramme de Christ, et le globe crucigère; à l'exergue, CONOB. (Inédite.) T.B. OR.

MAURICE TIBÈRE

(582-602.)

1109. D· N· MAVRC· TIb· P· P· AVG· Maurice diadémé, vêtu du costume impérial et assis, de face, tenant le volumen dans la main droite, et une longue croix dans la main gauche.

℞. **VICTORIA AVGG· H.** Victoire, de face, tenant dans la main droite une longue croix surmontée du monogramme du Christ, et le globe crucigère dans l'autre main ; à l'exergue, **CONOB.** (S. 1. var.) (Pièce très rare.) T.B. OR.

1110. **D· N· MAVRC· TIb· P· P· AVG.** Buste de face et casqué de Maurice tenant le globe crucigère dans la main droite.

℞. **VICTORIA AVGG· Γ.** Victoire debout, de face, tenant une croix terminée par le monogramme du Christ, et le globe crucigère ; à l'exergue, **CONOB.** (S. 1 *bis*.) Trouée. B. OR.

1111. **D· N· MAVRIC· Tb· P· P· ANA.** Buste de face et casqué de Maurice tenant le globe crucigère.

℞. **VICTORIA AVGGA.** Victoire, de face, tenant une haste terminée par le monogramme du Christ, et dans la main gauche le globe crucigère. (S. 7 var.) B. OR.

1112. **D· N· MAV· AI· P· P· AVG.** Buste diadémé de Maurice, à droite.

℞. **VICTORIA AVGG.** Victoire marchant à droite, tenant une couronne dans la main droite, et le globe crucigère dans l'autre main ; à l'exergue, **CONOB·** (Var. inédite.) Demi-sou. B. OR.

1113. **D· N· MAVRI· TIb· P· P· AVG.** Buste diadémé de Maurice, à droite.

℞. **VICTORIA AVGVSTORVM.** Victoire marchant à gauche, tenant une couronne et le globe crucigère ; à droite, une étoile ; à l'exergue, **CONOB·** (S. 5.) Tiers de sou. T.B. OR.

FOCAS

(602-610.)

1114. **D· N· FOCAS PERP· AVG·** Buste barbu, de face, et diadémé de Focas, tenant dans la main droite le globe crucigère.

℞. **VICTORIA AVGI·** Victoire, de face, tenant une haste terminée par le monogramme du Christ, et dans la main gauche le globe crucigère ; à l'exergue, **CONOB·** (S. 1.) T.B. OR.

1115. **D· N· FOCAS PERP· AVG·** Buste diadémé de Focas, à droite.

℞. **VICTORIA AVGH·** Victoire marchant à droite, regardant à gauche, tenant une couronne dans la main droite, et le globe crucigère dans l'autre main ; à l'exergue, **CONOB·** (S. 3 var.) Demi-sou. B. OR.

1116. **D· N· FOKA+S· P· P· AVG·** Buste diadémé de Focas, à droite.

℞. **VICTORIA AVGVSTORVM·** Victoire, de face, regardant à gauche, et tenant une couronne et le globe crucigère; dans le champ, à droite, une étoile; à l'exergue, CONOB· (S. 5.) Tiers de sou. T.B. OR.

HÉRACLIUS CONSUL ET HÉRACLIUS CONSTANTIN

1117. D· N· ЄRACLIO CONSVLIBA· Deux bustes de face et barbus; entre les deux bustes, une croix.

℞. VICTORIA CONSABIA· Croix sur quatre degrés; à l'exergue, CONOB· (S. 8 var.) T.B. OR.

1118. D·N·HЄRACAI CONSVAIIΓ· Bustes de face et barbus; entre les deux bustes, une croix.

℞. VICTORIA CONSVAIIΓ· Croix sur deux degrés; à l'exergue, CONOB· (Var. inédite.) Sur flan épais. B. OR.

1119. d· N· ERACLIO CONSULIBA· Mêmes bustes que sur le numéro 1117.

℞. VICTORIA AVGG·Γ· Croix sur quatre degrés; à l'exergue, COИOB· (Inédite.) F.D.C. OR.

HÉRACLIUS SEUL

(610-641.)

1120. d. N. hERACLIЧS. P. P. AV. Buste de face et casqué d'Héraclius, tenant le globe crucigère dans la main droite; sur le cimier du casque, une petite croix.

℞. VICTORIA AVG. ЧЄ. Croix sur trois degrés; à l'exergue, CONOB. (S. 2.) T.B. OR.

1121. d, N. HRACLIЧS. P. AVG. Buste diadémé d'Héraclius, à droite.

℞. VICTORIA AVG. Ч. Croix sur un globe. (S. 4.) Demi-sou. B. OR.

1122. d. N. HЄRACLI· PЄRP. AVG. Buste diadémé d'Héraclius, à droite.

℞. VICTORIA AVGVSTORVИ CONOB. Croix sur un cercle. (S. 4 var.) Demi-sou. T.B. OR.

1123. d. N. HЄRACLIVS P. P. AVG. Buste diadémé d'Héraclius, à droite.

℞. VICTORIA AVGVSTORVM. Croix; à l'exergue, CONOB. (S. 7.) Tiers de sou. T.B. OR.

1124. d. N. hERACLIVS PF. AVG. Buste diadémé d'Héraclius, à droite.

℞. VICTORIA AVGЧ. Croix; à l'exergue, CONOB. (S. 7 var.) Tiers de sou. T.B. OR.

HÉRACLIUS ET HÉRACLIUS CONSTANTIN

(613-614.)

1125. **dd. NN. hЄRACLIVS ET hЄRA. CONST. PP. AVG.** Bustes de face et diadémés des deux augustes; Héraclius est barbu et son fils imberbe; entre les deux têtes, une petite croix.

℞. **VICTORIA AVGVΔ.** Croix sur quatre degrés; à l'exergue, **CONOB.** (S. 48 *bis.*) F.D.C. OR.

1126. Même pièce que la précédente, avec **I** à la fin de la légende du revers. (S. 48 *bis.*) F.D.C. OR.

1127. Même pièce que la précédente avec **IΘ** à la fin de la légende du revers. (S. 48 *bis.*) T.B. OR.

1128. Même type et même légende.

℞. **VICTORIA AVGGGB.** Croix sur quatre degrés; à l'exergue, **CONOB.** (S. 49.) B. OR.

1129. **dd. NN. hЄRACLIS ET CONST. P. P. AC.** Bustes de face et diadémés des deux augustes. Héraclius porte la barbe très longue et son fils est également barbu.

℞. **VICTORIA AVCЧSN.** Croix sur quatre degrés; à l'exergue, **CONOB.** (Var. inédite.) Trouée. OR.

1130. **D. N. ЄRACLI. ЄT ЄRC. F.** Mêmes bustes.

℞. **VICTORIA AVGG. Γ.** Croix sur deux degrés; à l'exergue, **CONOB.** (S. 50 var.) Flan épais. B. OR.

HÉRACLIUS, HÉRACLIUS CONSTANTIN ET HERACLEONAS

(638-641.)

1131. Pas de légende. Les trois augustes de face et debout, tenant le globe crucigère.

℞. **VICTORIA AVGЧB.** Croix potencée sur quatre degrés; à l'exergue, **CONOB**; dans le champ, le monogramme d'Héraclius. (S. 106.) B. OR.

1132. Même pièce, mais avec une croix dans le champ. La légende du revers finit par un **Δ**. Dans le champ, le monogramme et un **I** et une croix après **CONOB.** (S. 6 var.) T.B. OR.

CONSTANT II

(641-668.)

1133. C. N. ONSTATIN P. P. Buste de face et diadémé de Constant II jeune, tenant le globe crucigère dans la main droite.

℞. VICTOR. AVG. AB. Croix sur quatre degrés; à l'exergue, CONOB. (S. 1.) Sou épais, globuleux. T.B. OR.

1134. Même pièce; la légende du revers finit par ЧA (S. 1 var.) Sou épais. B. OR.

1135. D. N. CONTANTN P. Buste barbu de Constant II.

℞. VICTORIA AN. Croix potencée sur quatre degrés; à l'exergue, CONOB, et dans le champ, à droite, P. (Inédite.) Sou épais. B. OR.

1136. d. N. CONSTANTINUS P. P. AV. Buste diadémé, imberbe, de face, de Constant II, tenant le globe crucigère.

℞. VICTORIA AVG. ЧЄ. Croix potencée sur quatre degrés; à l'exergue, CONOB. C. (S. 2, var. inédite.) F.D.C. OR.

1137. Même pièce; la légende du revers finit par ЧB et après CONOBK. (S. 2, var. inédite.) T.B. OR.

1138. d. N. CONSTANTINVS PP. AVG. Buste diadémé, barbu, de face, de Constant II, tenant le globe crucigère.

℞. VICTORIA AVG. ЧS. Croix potencée sur quatre degrés; dans le champ, à droite, Z ; à l'exergue, CONOB. +. (S. 2, var. inédite.) F.D.C. OR.

1139. Même pièce. Constant II est représenté fortement barbu; la légende du revers finit par A. (S. 2.) T.B. OR.

CONSTANT II ET CONSTANTIN POGONAT

1140. d. N. CONSTANTINЧS C. CONSTAN. Bustes de face et diadémés des deux augustes; dans le champ, une croix; le père porte des moustaches et une forte barbe; le fils est imberbe.

℞. VICTORIA AVG. ЧH. Croix potencée sur trois degrés; à l'exergue, CONOB. (S. 2 var.) F.D.C. OR.

CONSTANT II, CONSTANTIN POGONAT, HÉRACLIUS ET TIBÈRE

(659-668.)

1141. VICTORIA AVG. ЧD. Buste, de face, diadémé de Constant II, tenant le globe crucigère dans la main droite.

℞. Les trois fils de Constant II diadémés, de face et debout, chacun d'eux tient dans la main droite le globe crucigère; à l'exergue, **CONOB**· (S. 15.) F.D.C. OR.

1142. **d· N· CONSᏟ.....NᏟI**. Bustes des deux augustes, de face.

℞. **VICOTRIV· AVGGT· KH**· Croix potencée sur quatre degrés, entre les effigies d'Héraclius et de Tibère diadémés, de face et debout, tenant chacun le globe crucigère; à l'exergue, **CONOB**· (Inédite.) TB. OR.

1143. **P· N· CONSᏟANᏟI**. Bustes de face et diadémés des deux augustes; entre les deux têtes, une petite croix.

℞. **VICTORIA AVGHB· +**· Croix potencée sur trois degrés, entre les effigies d'Héraclius et de Tibère, tenant chacun le globe crucigère; à l'exergue, **CONOB**· (S. 18.) T.B. OR.

1144. **P· N· CONSTANTIN**· Même pièce; la croix du revers n'est pas potencée, et elle est placée sur un globe. (Inédite.) (Collection d'Amécourt.) T.B. OR.

1145. Légende dégénérée. Bustes diadémés et de face des deux augustes. Constant II tient le globe crucigère dans la main droite.

℞. Longue croix sur deux degrés, entre les bustes diadémés d'Héraclius et de Tibère. (S. 20.) Sou épais. B. OR.

1146. **d· N· CON**· Bustes diadémés et de face des deux augustes; Constant II tient le globe crucigère dans la main droite.

℞. Semblable, mais Héraclius et Tibère tiennent chacun le globe crucigère, et entre les deux bustes, **P.** (S. 20, var. inédite.) Sou épais. T.B. OR.

CONSTANTIN IV POGONAT, HÉRACLIUS ET TIBÈRE
(668-669.)

1147. **D· N· IN· PC· NPC**. Buste de face et diadémé de Constantin IV.

℞. Bustes diadémés et de face des deux jeunes frères de l'empereur, tenant le globe crucigère; ils sont séparés par une longue croix placée sur trois degrés. (S. 1 var.) Sou épais. T.B. OR.

1148. **DOM· CC?** Buste, de face, diadémé de Constantin IV, tenant le globe crucigère.

℞. Bustes diadémés et de face des deux jeunes frères de l'empereur, tenant le globe crucigère; ils sont séparés par une longue croix placée sur deux degrés. (S. 1 var.) Sou épais. B. OR.

1149. d. N. CONSTANTINHS. C. CONST. Buste de face et casqué de Constantin IV en costume militaire, avec le bouclier au cavalier et tenant la lance transversale sur l'épaule droite.

℞. VICTORIA AVG. HEB., et à l'exergue, CONOB. Croix potencée sur trois degrés entre les deux augustes diadémés, de face et debout, tenant chacun le globe crucigère dans la main droite. (S. 3.) T.B. OR.

1150. d. N.I.. ANHS. P. Même buste.

℞. Même type, la légende finit par H.A. (S. 3 var.) B. OR.

1151. d. N. CONST. NVS. P. P. Buste de face et diadémé de Constantin IV, tenant le globe crucigère dans la main droite.

℞. VICTORIA.....; à l'exergue, CONOB. Croix potencée sur trois degrés, entre les deux augustes diadémés, de face et debout, tenant chacun le globe crucigère. (S. 2 var.) T.B. OR.

1152. CO..... GVCC. Buste de face et casqué de Constantin IV en costume militaire, avec bouclier et tenant la lance transversale sur l'épaule droite.

℞. Sans légende à l'entour; à l'exergue, OHO. Croix potencée sur trois degrés, entre les deux augustes. (S. 5 var.) Demi-sou. B. OR.

CONSTANTIN IV POGONAT

(669-685.)

1153. P. N. CONSTANTIN PP. Buste de face et casqué de Constantin IV en costume militaire, tenant la lance transversale sur l'épaule droite.

℞. VICTORIA. AVGHSTOR. Croix potencée sur quatre degrés; dans le champ, à droite, Θ; et à l'exergue, CONOB. (S. 20, var. inédite.) T.B. OR.

1154. d. N. CONSTANTINVS P. P. AV. Buste diadémé de Constantin IV, à droite.

℞. VICTORIA. AVGHS. Croix potencée sur un globe. (S. 22 var.) Demi-sou. T.B. OR.

1155. D. N. CONSTANTINVS P. P. IAV. Buste diadémé de Constantin IV.

℞. VICTORIA AVGVSTOR. Croix potencée, dans le champ, à droite ⳨, et à l'exergue, CONOB. (Inédite.) Tiers de sou. T.B. OR.

1156. P. N. CONSTANTINVS P. P. A. Buste diadémé de Constantin IV, à droite.

℞. VICTORIA AVG. HΘI. Croix potencée; à l'exergue, CONOB; dans le champ, à droite, C. (Inédite.) Tiers de sou. F.D.C. OR.

1157. **P. N. CNSTAN 'AN** liées **CONGЧPPA.** Buste diadémé de Constantin IV, à droite.

℞. Même type et même légende ; dans le champ, **G**. (Inédite.) Tiers de sou T.B. OR.

1158. **P. N. CONSTANTINVS P. AV.** Buste diadémé de Constantin IV.

℞. **VICTORIA AVG.ЧΘ.** Même type avec **CONOB.** et dans le champ, **I**. (Inédite.) Tiers de sou. T.B. OR.

1159. Pièce semblable. Au revers, dans le champ, **Ч**. (Inédite.) Tiers de sou. T.B. OR.

JUSTINIEN II RHINOTMETE

(685-711.)

1160. **D. N. IVSTINIANVS SER.....** Buste de face et diadémé de Justinien II, vêtu de la robe à carreaux, tenant dans la main droite une croix potencée sur trois degrés, et dans la main gauche un globe sur lequel est inscrit le mot **PAX** et surmonté de la croix grecque.

℞. **D. N. IჄS. CჄS. REX. REGNANTIЧM.** Buste du Christ, avec les cheveux bouclés, sur la croix, tenant le livre des Évangiles dans la main gauche et donnant la bénédiction de sa main droite. (S. 2.) T.B. OR.

1161. **D. N. IVSTINIANVS SЄRVVS CHRISTI.** Justinien II diadémé et debout, tenant dans la main droite une longue croix potencée sur deux degrés ; à l'exergue, **CONOB.**

℞. **IჄS. CRISTOS REX REGNANTIVM.** Buste de Jésus-Christ sur la croix, tenant les Évangiles et donnant sa bénédiction. (S. 3.) B. OR.

1162. **IЧSTINIANЧS. PЄ. AV.** Buste de face et diadémé de Justinien revêtu de la robe à plis et tenant le globe crucigère dans la main droite.

℞. **VICTORIA AVGЧΔ.** Croix potencée sur trois degrés. (S. 6, var. inédite.) T.B. OR.

1163. **D. N. IЧSTINIANЧS PЄ. AV.** Buste de face et diadémé de Justinien II, revêtu de la robe à plis et tenant le globe crucigère de la main droite.

℞. **VICTORIA AVGЧSΓ.** Croix potencée et placée sur trois degrés ; à l'exergue, **CONOB.** (S. 6, var. inédite.) B. OR.

1164. **D. IVƧTI..... SERV. CჄRISTI.** Justinien diadémé et debout, tenant dans la main droite une longue croix potencée terminée par un globe à son extrémité inférieure.

℞. IhS. CRIST... RЄGNANTIЧM. Buste du Christ sur la croix (S. 4 var.) Trouée. Demi-sou. B. OR.

1165. IЧSTIN.... SERЧ. ChRIS. Justinien II diadémé et debout, tenant une longue croix potencée.

℞. IhS. CRISTOS REX..... Buste du Christ sur la croix. (Inédite.) Tiers de sou. B. OR.

TIBÈRE V ABSIMARE

(698-705.)

1166. D. ƬIBЄRIVS PЄ. AV. Buste, de face, diadémé de Tibère V, tenant une lance et le bouclier.

℞. VICTRORIA GVSЧ.EѠ. Croix potencée sur quatre degrés; à l'exergue, CONOB. (S. 1 var.) F.D.C. OR.

1167. Pièce à peu près semblable à la précédente. Dans le champ du revers, Θ. (S. 1 var.) T.B. OR.

1168. D· ƬIbЄRI·· PЄ· AV· Buste, de face, diadémé de Tibère V, tenant une lance et le bouclier.

℞. .....RIA· AVGЧ.Є·, et à l'exergue, CONOB· Croix potencée sur trois degrés; dans le champ, S· (Inédite.) Flan épais. T.B. OR.

1169. D. ƬIbЄRIЧS· PЄ· AV· Buste de face et diadémé de Tibère V en costume militaire, tenant une lance et le bouclier.

℞. VICTORIA AVCЧS· Croix potencée, terminée par un globe à son extrémité inférieure. (S. 2.) Trouée. Demi-sou. B. OR.

1170. D· TIb.... Buste, de face, diadémé de Tibère V, tenant une lance et le bouclier.

℞. VICTOR... Croix potencée; à l'exergue, CONO· (S. 5 var.) Tiers de sou. B. OR.

JUSTINIEN RHINOTMETE ET TIBÈRE IV

(705-711.)

1171. D· N· IЧSTINIANЧS ЄT TIbЄRIЧS PP·A· Bustes de face et diadémés des deux augustes, tenant ensemble une longue croix potencée reposant sur deux degrés.

℞. D· N· IhS· ChS· RЄX· RЄGNANTIЧM· Buste, de face, du Christ sur la croix, tenant le livre des Évangiles. (S. 1.) B. OR.

1172. D. N. IΥSTINIANΥS ЄT TIBЄRIΥS. Bustes de face et diadémés des deux augustes, tenant ensemble une longue croix potencée.

℞. D. P. IhS. ChR... Buste, de face, du Christ sur la croix, tenant le livre des Évangiles. (Inédite.) Tiers de sou. B. OR.

FILÉPICUS BARDANES

(711-713.)

1173. D. N. FILEPICΥS MΥLTΥS. AN. Buste de face et diadémé de Filépicus, tenant le globe crucigère de la main droite, et dans la gauche un sceptre surmonté d'un aigle. L'empereur est vêtu de la robe à carreaux.

℞. VICTORIA AVGΥZ.Γ. Et à l'exergue, CONOB. Croix potencée sur quatre degrés. (S. 1.) T.B. OR.

ARTÉMIVS ANASTASE II

(713-716.)

1174. D. N. APTEMIΥS ANASTASIΥS MΥL. Buste de face et diadémé d'Anastase II tenant le volumen et le globe crucigère.

℞. VICTORIA AVGΥS. Et à l'exergue, CONOB. Croix potencée sur trois degrés. (S. 1.) T.B. OR.

1175. D. N. APTЄMIΥS ANASTASIΥS MΥL. Buste de face et diadémé d'Anastase II, tenant le volumen et le globe crucigère.

℞. VICTORIA AΥGΥS. Croix potencée sur un globe. (S. 2, var. inédite.) Demi-sou. B. OR.

LÉON III L'ISAURIEN

(716-741.)

1176. D. LЄON P.AΥ. Buste de face et diadémé de Léon III, vêtu de la robe à carreaux, tenant le volumen et le globe crucigère.

℞. VICTORIA AVGVS. A l'exergue, CONOB. Croix potencée sur trois degrés. (S. 1.) F.D.C. OR.

1177. Même pièce. La légende, au revers, finit par HΔ. (S. 1. var.) F.D.C. OR.

1178. D. LЄO. P. P. V. Buste de face et diadémé de Léon III, tenant le globe crucigère.

℞. VICTOR AϚΥ.Δ. Et à l'exergue, CONOB. Croix potencée sur trois degrés ; dans le champ, une étoile. (Inédite.) Frappée à Bénévent ? Sou d'or pâle. B. OR.

1179. **D. LЄO**..... Buste de face et diadémé de Léon III tenant le volumen dans la main droite élevée.

℞. **VICTORIA AЧGЧ**. Et à l'exergue, **CONOB**. Croix potencée. (S. 4.) Tiers de sou. T.B. OR.

LÉON III ET CONSTANTIN V

1180. **D. N. LЄON P. A. MЧ**. Buste de face et diadémé de Léon III tenant le volumen dans la main gauche, et le globe crucigère dans l'autre main.

℞. **D. N. CONSTANTINЧS N**. Buste de face et diadémé de Constantin V, avec le même costume et les mêmes attributs. (S. 14.). F.D.C. OR.

1181. Pièce à peu près semblable à la précédente. (S. 14.) T.B. OR.

1182. **D· LЄON PA· MЧL·** Buste de face et diadémé de Léon III, tenant le volumen dans la main droite, et une longue croix potencée dans l'autre main.

℞. **DN. CONSTANTNЧS**. Buste de Constantin V, avec le même costume et les mêmes attributs. (S. 16.) F.D.C. OR.

1183. **D· NON· LEON PA· MЧL·** Buste de face et diadémé de Léon III, tenant le volumen et le globe crucigère.

℞. **D· NO· C**...... **TINЧ·** Buste, de face, de Constantin V, avec le même costume et les mêmes attributs ; à chaque côté de la tête, une étoile et un **Θ**· (S. 18 var.) Sou d'or pâle. Fabrique italienne. B. OR.

1184. **DNO· LEON PA· MЧL·** Buste de face et diadémé de Léon III tenant le volumen et le globe crucigère.

℞. **d· CONSTANTINЧ·** Buste de face et diadémé de Constantin V, tenant le volumen et une croix potencée terminée par un globe. (Inédite.) Demi-sou. F.D.C. OR.

1185. **DNO· LЄON PA MЧL·** Buste de face et diadémé de Léon III, tenant le volumen et le globe crucigère.

℞. **CONSTANTINЧ·** Buste de face et diadémé de Constantin V, tenant le volumen et une croix potencée. (Inédite.) Tiers de sou. T.B. OR.

1186. Pièce à peu près semblable à la précédente. (Inédite.) Tiers de sou. B. OR.

1187. **DN· LЄON PA· MЧ·** Buste de face et diadémé de Léon III, tenant le volumen et le globe crucigère ; à droite de la tête, un **C**.

℞. DN· CO..... TINЧ· Buste de face et diadémé de Constantin V, tenant le volumen et une croix potencée; à droite de la tête, un I. (Inédite.) Tiers de sou. T.B. OR.

1188. DNO· LЄ· PN· MVL· Buste de face et diadémé de Léon III, tenant le volumen et le globe crucigère.

℞. DNO· C· TNNTI· Buste de face et diadémé de Constantin V, avec les mêmes attributs. (Inédite.) Tiers de sou pâle. (Fabrique barbare, frappée à Bénévent.) B. OR.

CONSTANTIN V COPRONYME

1189. DNO. CONSTANTI. Buste de face et diadémé de Constantin V, tenant le volumen et le globe crucigère.

℞. VICTORI AVGTO. A l'exergue, CONOB. Croix potencée; dans le champ, une étoile et la lettre R (avenne?) (S. 29.) Demi-sou d'or pâle. B. OR.

ARTAVASDE ET NICÉPHORE

1190. D N. ARTAЧASDЧS MЧ. Buste de face et diadémé d'Artavasde, vêtu de la robe à plis, tenant le volumen et le globe crucigère.

℞. DN. NIChFORЧS. MЧLTЧ.A. Buste de face et diadémé de Nicéphore, vêtu de la robe à carreaux et tenant les mêmes attributs. (Inédite.) T.B. OR.

1191. Pièce à peu près semblable à la précédente. La légende finit par Θ. (Inédite.) B. OR.

LÉON III, CONSTANTIN V COPRONYME ET LÉON IV

(751-775.)

1192. C. LЄON P. A. MЧL. Buste de face et diadémé de Léon III, vêtu de la robe à carreaux et tenant une longue croix potencée dans la main droite.

℞. COPSTAPTIPOS S. LEOP O PEOS. Bustes de face et diadémés de Constantin V Copronyme et de son fils; entre les deux têtes, une petite croix. (S. 1.) T.B. OR.

LÉON IV ET SA FAMILLE

(775-780.)

1193. LЄON PAP. COPSTATIPOS PATHR. Bustes de face et diadémés de

Léon III aïeul et de Constantin V Copronyme, père de Léon IV, revêtus tous les deux de la robe à carreaux; entre les deux têtes, une petite croix.

℞. LЄON VSSЄSSOΠ COΠSTAΠTIΠOS O ΠЄOS. Léon IV et son fils Constantin VI diadémés et assis, de face, en costume impérial; entre les deux têtes, une petite croix. (S. 2.) B. OR.

CONSTANTIN VI, IRÈNE ET SA FAMILLE

(780-797.)

1194. [CONST.] AVΓ. IRI. MA. Bustes de face et diadémés de l'empereur et de sa mère. Constantin tient le globe crucigère dans la main droite. Irène, vêtue d'une robe à carreaux, tient une longue croix et le globe crucigère; entre les têtes, une petite croix.

℞. COΠSTAΠTIΠO C. Ч. C.? Léon III, Constantin V et Léon IV diadémés et assis, de face. (S. 1, var. inédite.) B. OR.

1195. COΠSTAΠTIΠOS ЬASI Θ. Buste de face et diadémé de Constantin VI, tenant le volumen dans la main gauche, et le globe crucigère dans l'autre main.

℞. IRIΠH AΓOVSƮI. Buste de face et diadémé d'Irène, tenant dans la main droite le globe crucigère, et dans la gauche une longue croix. (S. 3.) (Collection d'Amécourt.) B. OR.

IRÈNE

(797-802.)

1196. ЄIRIΠH ЬASILISSH. X. Buste de face et diadémé d'Irène, vêtue de la robe à carreaux, tenant le globe crucigère dans la main droite, et dans l'autre une longue croix transversale.

℞. ЄIRIΠH ЬASILISSH. Même buste. (S. 1.) T.B. OR.

NICÉPHORE Ier ET STAURACE

(802-811.)

1197. ΠICIFOROS ЬASILЄI. Buste de face et diadémé de Nicéphore, tenant le volumen dans la main gauche, et une longue croix potencée dans l'autre main.

℞. SƮAVRACIS DЄSPO. IЄ. Buste de face et diadémé de Staurace, tenant le volumen dans la main gauche, et le globe crucigère dans l'autre main. (S. 4.) T.B. OR.

1198. ΛICFOROƧ PAMЄ. Buste de face et diadémé de Nicéphore, tenant le volumen et une longue croix potencée.

℞. CTAVRACIƧ. OЄƧPOIЄ. Buste de face et diadémé de Staurace, tenant le volumen et le globe crucigère. (Type de S. 4.) Sou d'or pâle de fabrique barbare. B. OR.

1199. ꟿICFORO. Buste de face et diadémé de Nicéphore, tenant le globe crucigère.

℞. STAЧRAC. Buste de face et diadémé de Staurace, tenant une croix potencée. (Inédite.) Tiers de sou d'or. T.B.

MICHEL Ier RHANGABÉ

(811-813.)

1200. + ꟿIXAHL. ЬASILЄ. Buste de face et diadémé de Michel Ier, vêtu de la robe à carreaux, tenant le volumen et le labarum.

℞. IꟿSЧS XRISTOS ✱. Buste du Christ sur la croix. (S. 1.) Sou d'or. B.

1201. + ꟿIXAHL. ЬAI. Buste de face et diadémé de Michel Ier, vêtu de la robe à carreaux et tenant le labarum.

℞. IꟿSЧS. XRISTOS. Buste du Christ sur la croix. (Inédite.) Très rare. Demi-sou. T.B. OR.

MICHEL Ier, RHANGABÉ ET THÉOPHYLACTE

(811-813.)

1202. ꟿIXAHL. ЬASILЄI. Buste diadémé, de face, de Michel Ier, tenant le volumen et une longue croix potencée.

℞. ΘЄOFVLACTOS DЄSP. IX. Buste de face et diadémé de Théophylacte, vêtu de la robe à carreaux, tenant le globe crucigère et une longue croix. (Inédite.) T.B. OR.

1203. ꟿIXAHL. ЬASILЄI. Buste diadémé, de face, de Michel Ier, tenant le volumen et une longue croix potencée.

℞. ΘЄOFYLACTOS DЄSPIЄ. Buste de face et diadémé de Théophylacte, vêtu de la robe à carreaux, tenant une longue croix et le globe crucigère. (Inédite.) Trouée. B. OR.

LÉON V L'ARMÉNIEN ET CONSTANTIN VII

(813-820.)

1204. LЄOꟿ ЬASIΛЄЧI. Buste de face et diadémé de Léon V, tenant le volumen et une longue croix potencée.

℞. CONSTANT DESPIЄ. Buste de face et diadémé de Constantin VII, tenant le volumen et le globe crucigère. (S. 2.) B. OR.

1205. LЄON bASILЄԿ'. Buste de face et diadémé de Léon V, tenant le volumen et une longue croix potencée.

℞. CONSTANT DЄSP'X. Buste diadémé, de face, de Constantin VII, tenant le volumen et le globe crucigère. (S. 2 var.) T.B. OR.

MICHEL II

(821-829.)

1206. MIXAHL bASIL. Buste diadémé, de face, de Michel II, tenant le volumen et le globe crucigère.

℞. MIXAHL bA. Buste, de face, de Michel II, tenant le volumen et le globe crucigère. (Inédite.) Demi-sou. B. OR.

MICHEL II ET THÉOPHILE

1207. ✶ MIXAHL bASILЄԿS. Buste de face et diadémé de Michel II, vêtu de la robe à plis, tenant le volumen dans la main gauche, et une longue croix potencée dans la main droite.

℞. ΘЄOFILO· DЄSPSI +X. Buste de face et diadémé de Théophile, vêtu de la robe à carreaux, et tenant le globe crucigère dans la main droite, et une longue croix dans la main gauche. (S. 2.) T.B. OR.

1208. MIXAHL. Buste de face et diadémé de Michel II, tenant le globe crucigère.

℞. ΘЄOFIL. Buste de face et diadémé de Théophile, tenant une croix potencée. (Inédite.) Sou sur flan épais, petit module. F.D.C. OR.

THÉOPHILE

(829 à 842.)

1209. ✶ ΘЄOFILOS bASILЄ. Buste de face et diadémé de Théophile, vêtu de la robe à carreaux, tenant le globe crucigère et une longue croix.

℞. CVRIЄ· bOHΘH· TO· SO· DOVLO ✶A· (*Protège ton serviteur !*) Croix grecque sur trois degrés. (S. 1.) Trouée. T.B. OR.

1210. Pièce à peu près semblable à la précédente comme type et légendes, mais de coins et fabrique différente. (S. 2.) B. OR

1211. ΘЄOFILOS. Buste de face et diadémé de Théophile, vêtu de la robe à carreaux et tenant une longue croix potencée.

℞. ΘЄOFILOS. Buste de face et diadémé de Théophile, tenant le globe crucigère. (S. 4.) Sou épais. F.D.C. OR.

1212. ΘЄOFILOS. Buste de face et diadémé de Théophile, vêtu de la robe à carreaux, tenant le globe crucigère.

℞. Même légende et type semblable, mais il est vêtu de la robe à plis. (S. 5.) Demi-sou. T.B. OR.

1213. ✠ ΘЄOFILOS bA. Buste de face et diadémé de Théophile, vêtu de la robe à plis, tenant le globe crucigère.

℞. ΘЄOFILOS bA. Type semblable; Théophile est vêtu de la robe à carreaux. (S. 6.) Demi-sou. T.B. OR.

1214. ΘЄOFILOS. Buste de face et diadémé de Théophile, vêtu de la robe à carreaux et tenant une longue croix potencée.

℞. ΘЄOFILOS. Buste de face et diadémé de Théophile, vêtu de la robe à plis, tenant le globe crucigère. (Inédite.) Tiers de sou. T.B. OR.

THÉOPHILE, MICHEL ET CONSTANTIN VIII

1215. ✠ ΘЄOFILOS bASILЄI Θ. Buste de face et diadémé de Théophile, tenant le volumen et la croix grecque.

℞. + ՊIXAHL. S. COՊSԵAՊԵIՊ. Bustes de face et diadémés de Michel et Constantin; dans le champ, une petite croix. (S. 12 var.) T.B. OR.

1216. + ΘЄOFILOS bASILЄ. Buste de face et diadémé de Théophile, tenant le volumen dans la main gauche, et la croix grecque dans l'autre main.

℞. + ՊIXAHL. S. COՊSԵAՊԵ. Bustes de face et diadémés de Michel et Constantin. (S. 13 var.) (Collection Jarry.) Flan épais. T.B. OR.

1217. ΘЄOFILOS bASIIЄ Θ. Buste de face et diadémé de Théophile, tenant le globe crucigère.

℞. ՊIXAHL. S. CONSԵANԵIN. Buste, de face, diadémé, probablement Michel, tenant une longue croix potencée. (Inédite.) Sou de fabrique barbare. B. OR.

THÉOPHILE ET MICHEL III

1218. ΘЄOFILOS. Є. Buste de face et diadémé de Théophile, tenant le globe crucigère.

℟. **MIXAHLOS**. Buste de face et diadémé de Michel III, tenant le globe crucigère. (Inédite.) Demi-sou. B. OR.

MICHEL III ET THÉODORA

(842-856.)

1219. **+ ꟿIXAHL. S. ΘЄODORA**. Bustes de face et diadémés des deux augustes; entre les têtes, une petite croix.

℟. **IhS4S XRISꞆOS ✠**. Buste, de face, du Christ sur la croix, tenant le livre des Évangiles. (S. 1.) T.B. OR.

MICHEL III, THÉODORA ET THÉCLA

(842-856.)

1220. **ꟿIXAHL. S. ΘЄCLA**. Bustes de face et diadémés de Michel III et de sa sœur, l'un tient le globe crucigère dans la main droite, et l'autre une longue croix grecque.

℟. **+ ΘЄODORA DESPVΠA**. Buste de face et diadémé de Théodora, tenant dans la main droite le globe surmonté d'une croix grecque, et une longue croix dans la main gauche. (S. 2.) (Collection d'Amécourt.) F.D.C. OR.

MICHEL III SEUL

(856-866.)

1221. **ꟿIXAHL Θ**. Buste de face et diadémé de Michel III, vêtu de la robe à carreaux, tenant le globe surmonté d'une croix grecque.

℟. Même type et même légende; Michel est vêtu de la robe à plis. (S. 5.) Demi-sou. B. OR.

MICHEL ET BASILE Ier

(866 à 867.)

1222. **ꟿIXAHA**. Buste de face et diadémé de Michel, vêtu de la robe à carreaux et tenant le globe crucigère dans la main droite.

℟. **bACIΛЄIOC**. Buste diadémé, de face, de Basile, vêtu de la robe à plis et tenant le globe crucigère. (S. 9.) (Collection d'Amécourt.) Demi-sou. B. OR.

BASILE Ier ET CONSTANTIN IX

(869-870.)

1223. **BASILIOS ET COΠSꞆANꞆ. AVGG.S**. Bustes de face et diadémés de Basile et de Constantin IX, tenant ensemble une longue croix grecque.

℞. IHS. XPS. REX REGNANTIVM ✱. Le Christ nimbé et sur la croix, assis, de face, la main droite élevée et tenant les Évangiles. (S. 5.) T.B. OR.

BASILE Ier, CONSTANTIN IX ET EUDOCIE

1224. + ЬASILIOS AЧGЧSτ. Ь. Buste de face et diadémé de Basile, vêtu de la robe à carreaux, tenant un globe surmonté d'une croix à deux croisillons et le volumen.

℞. COПSTAПτ' S. ЄVDOSIA ✱. Bustes, de face, de Constantin IX et Eudocie ; Constantin tient le globe crucigère et l'impératrice une longue croix ; entre les deux têtes, une petite croix. (Inédite.) Monnaie très rare. T.B. OR.

BASILE Ier ET CONSTANTIN IX

(869 à 870.)

1225. ЬASIΛЄIOS. Buste de face et diadémé de Basile, vêtu de la robe à carreaux et tenant le globe crucigère.

℞. CONSTANT. Buste semblable de Constantin IX, vêtu de la robe à plis. (S. 7.) Demi-sou. B. OR.

LEON VI ET CONSTANTIN X

(911-912.)

1226. LЄOП ЄT COПSτANτ AЧGG. ROΠ. Les deux augustes diadémés, de face et debout, en costume impérial, tenant le globe crucigère, et ensemble une longue croix grecque qui les sépare.

℞. +. IhS. XPS. RЄX. REGПAПTIVM'. Le Christ, de face, sur la croix, nimbé et assis sur un siège orné, tenant le livre des Évangiles. (S. 11.) B. OR.

ALEXANDRE

(912-913.)

1227. +. ALЄXANDROS AЧGЧSτOS ROΠ'. Alexandre diadémé, debout, de face, en costume impérial, tenant le globe crucigère, couronné par saint Alexandre barbu, debout, vêtu d'une espèce de froc, tenant une croix,

℞. + IHS. XPS. REX REGПAПτIVΠ. Le Christ assis, de face, la main élevée et tenant les Évangiles. (S. 1.) (Collection d'Amécourt.) F.D.C. OR.

CONSTANTIN X ET ROMAIN Ier

(920-944.)

1228. + CONSTANTINOS CE. ROMAN. EN XW. b'A. Les deux empereurs diadémés, de face, debout, portant chacun le globe crucigère et tenant ensemble une longue croix grecque.

℞. + IhS. XPS. REX. REGNANTIVM. Le Christ assis, de face, sur un trône. (S. 3.) B. OR.

ROMAIN ET CHRISTOPHORE

1229. ROMAN. ET XPISTOFO. AVGGb. Bustes diadémés et de face des deux augustes, tenant entre eux et ensemble une longue croix grecque.

℞. + IhS. XPS. REX REGNANTIVM *. Le Christ nimbé, assis sur un trône. (S. 9.) T.B. OR.

CONSTANTIN X PORPHYROGÉNÈTE ET ROMAIN II

(948-959.)

1230. CONSTANT. CE. ROMAN. AVGG. bA. Bustes de face et diadémés des deux augustes, tenant ensemble une longue croix grecque.

℞. + IhS. XPS. REX REGNANTIVM. Buste du Christ, tenant le livre des Évangiles. (S. 14.) T.B. OR.

NICÉPHORE II FOCAS ET BASILE II

1231. NICHFOP. CE. bASIL. AVG. KP. Buste, de face, des deux augustes, tenant ensemble une croix grecque.

℞. + IHS. XPS REX REGNANTIVM. Buste, de face, du Christ, tenant les Évangiles. (S. 1.) T.B. OR.

NICÉPHORE FOCAS

(964-969.)

1232. +. ΘEOTOC. bHΘ. NICHF. DESP. Bustes nimbés de la Vierge et de Nicéphore, tenant ensemble une longue croix grecque ; à droite et à gauche de la Vierge, M· Θ·

℞. + IhS. XPS. REX REGNANTIVM. Buste, de face, du Christ, tenant les Évangiles. (S. 3.) T.B. OR.

JEAN Ier ZIMISCÈS

(969-976.)

1233. + ΘЄOTOC. bOHΘ IѠ·DЄSP. Buste de face et diadémé de Zimiscès, tenant une longue croix grecque, et couronné par la Vierge au-dessus de laquelle on lit M. Θ.; au-dessus de l'empereur, une main céleste.

℞. +· IhS· XPS· RЄX RЄGNANTIVᗰ· Buste, de face, du Christ, tenant les Évangiles. (S. 1.) B. OR.

BASILE II ET CONSTANTIN XI

(976-1025.)

1234. + bASIL. C. COᑎSƮANƮIᑎ.H. Bustes diadémés et de face des deux augustes, tenant ensemble une longue croix grecque; Basile est vêtu de la robe à carreaux; on voit une couronne au-dessus de sa tête.

℞. + IhS. XIS. RЄX RЄGᑎAᑎTIVᗰ. Buste de face et nimbé du Christ sur la croix, tenant le livre des Évangiles. (S. 1 var.) T.B. OR.

1235. +. bASIL. C. COᑎSTAᑎTIᑎ. bA. Bustes de face et diadémés des deux augustes, tenant ensemble une longue croix grecque.

℞. + IhS. XIS. RЄX RЄGᑎAᑎTIVᗰ· Buste du Christ. (S. 4 var.) T.B. OR.

1236. +· BASIL. C. COᑎSƮANƮI BA. Bustes diadémés des deux augustes, tenant ensemble une longue croix grecque, potencée et ornée.

℞. + IhS. XIS. RЄX RЄGNANTIHᗰ· Buste, de face, du Christ, tenant les Évangiles. (S. 5.) Flan mince. T.B. OR.

1237. Pièce à peu près semblable à la précédente. (S. 5.) Flan mince. Trouée. B. OR.

CONSTANTIN XI

(1025-1028.)

1238. + CѠNSƮANƮIᑎ. BASILЄVS ROᗰ. Buste diadémé, de face et barbu, de Constantin XI, tenant le labarum.

℞. IhS. RЄX RЄGNANTIVᗰ· Buste du Christ, tenant les Évangiles. (S. 2.) T.B. OR. (Pl. XL, n° 1237.)

ROMAIN III ARGYRE

(1028-1034.)

1239. Θ. CE. ЬONΘ RωΠAΠω. Romain III debout, tenant le volumen et le globe crucigère couronné par la Vierge debout, à sa gauche ; en haut, les initiales M. Θ.

℞. + IhS. XIS. RЄX RЄGNANTIVm. Le Christ assis, de face, tenant les Évangiles. (S. 1.) Sou large. T.B. OR.

1240. Pièce à peu près semblable à la précédente. (S. 1.) Sur flan mince. B. OR.

MICHEL IV LE PAPHLAGONIEN

(1034 à 1041.)

1241. +· MIXAHL ЬASILЄЧS Rω· Buste de face et diadémé de Michel IV, barbu, tenant le labarum et le globe crucigère ; en haut, une main bénissante.

℞. + IhS· XPS· RЄX RЄGΠAΠTIVm· Buste du Christ. (S. 1.) Flan mince. Troué. B. OR.

CONSTANTIN XII MONOMAQUE

(1042-1055.)

1242. +· CωNSTANS· BASILЄVS Rω· Buste, de face, de Constantin XII, tenant une croix et le globe crucigère.

℞. + IHS· XIS· RЄX RЄGNANTIVm· Le Christ assis, de face. (S. 1 var.) Concave. T.B. OR.

1243. +· CωΠSTAΠTI BASILEV Rω· Buste, de face, de Constantin XII, tenant le *nartex* ou sceptre et le globe crucigère.

℞. +· IHS· XIS· RЄX RЄGΠAΠTIЧm· Buste du Christ, etc. (S. 5.) Module ordinaire. Trouée. B. OR.

1244. +· COΠSTAΠT AVTCRATI R· Buste diadémé et de face de Constantin XII, vêtu de la robe à carreaux, et tenant le globe surmonté d'une croix à deux croisillons.

℞. +· IhS· XPS· RЄX· RЄGΠAΠTIωm· ⁛ Buste du Christ. (S. 6 var.) T.B. OR.

1245. +· COΠSTAΠT ЬASIL· Pω· Buste, de face, de Constantin XII, tenant le labarum et le globe crucigère.

℞. +· IhS· XPS·, etc. Buste du Christ, etc. (S. 7.) Sou pâle. T.B. OR.

THÉODORA

(1055-1056.)

1246. +· ΘЄΟΔω ΑΥΓΟΥCΤΑ· La Vierge et Théodora debout, tenant ensemble le labarum; de chaque côté de la Vierge, M — Θ·

℞. IHS· XIS· RЄX REGNANTIVm· Le Christ debout, tenant les Évangiles. (S. 1.) Sou plane. B. OR.

1247. + ΘЄΟΔω· ΑVΓΟΥC· Buste de face et diadémé de Théodora, portant un sceptre et le globe crucigère.

℞. IC· XP· Buste, de face, du Christ. (S. 2.) T.B. OR.

MICHEL VI LE STRATIOTIQUE

(1056-1057.)

1248. + MIXAHL· AVTOCRAT· Michel VI diadémé, de face et debout, tenant une longue croix dans sa main droite.

℞. MP. ΘV· Buste de face et nimbé de la Vierge, tendant les mains élevées. (S. 1.) T.B. OR.

ISAAC Ier COMNÈNE

(1057-1059.)

1249. + ICAAKIOC BACIΛЄVC RωM· L'empereur debout, de face, tenant une épée.

℞. + IHS· XIS· RЄX RЄGNANTIԿm· Le Christ assis, etc. (S. 1.) Concave. T.B. OR.

1250. +· ICAAKIOC BACIΛЄVC PωM· L'empereur debout, de face, appuyé sur son épée, et tenant dans la main droite le labarum.

℞. +· IhS· XIS· RЄX RЄGNANTIԿm· Le Christ assis, etc. (Var. inédite.) Concave. T.B. OR.

1251. +· ICAAKIOC· BACIΛЄVC· PM· L'empereur debout, de face, appuyé sur son épée, et tenant le globe crucigère.

℞. +· IhS· XIS· PЄX PЄGNANTIԿm· Buste du Christ, etc. (S. 3.) F.D.C. OR.

CONSTANTIN XIII DVCAS

(1059-1067.)

1252. + KωN· BAC· O ΔOVKAC· L'empereur, de face et debout, tenant le globe crucigère dans la main, et couronné par la Vierge. M — Θ·

℞. +· IhC· XIC· R€X R€GNANTIЧM. Le Christ nimbé et adossé à la croix, assis, de face. (S. 1.) Concave. T.B. OR.

1253. +· KωN· BACA· O· ΔOVKAC· L'empereur, de face et debout, tenant le labarum dans la main droite, et le globe crucigère dans l'autre main.

℞. +· IЧC· XIC· R€X, etc. Type semblable au précédent. (S. 2.) Concave. T.B. OR.

1254. KωN· BACIA· O· ΔO· Buste, de face, de l'empereur, tenant le globe crucigère dans la main droite.

℞. MP — ΘV· Buste nimbé de la Vierge, élevant les deux mains. (S. 4.) Sou plane. T.B. OR.

EUDOCIE ET SES FILS MICHEL ET CONSTANTIN

(1067 à 1071.)

1255. +· MIX· €VΔK· KωNT· Eudocie, de face et debout sur un coussin, la main gauche sur la poitrine, et tenant un sceptre dans l'autre main; à droite et à gauche, ses deux fils Michel et Constantin, tenant chacun le volumen et le globe crucigère.

℞. + IhS· XIS· R€X REGNANTIVM. Le Christ assis, de face, tenant le livre des Évangiles. (S. 3.) Concave. T.B. OR.

ROMAIN IV ET EUDOCIE AVEC SES TROIS FILS

(1067 à 1070.)

1256. + RωMAN — EVΔIOKIA· Le Christ nimbé et adossé à la croix, de face et debout sur un coussin, couronnant Romain IV et Eudocie debout à ses côtés, et tenant chacun le globe crucigère; dans le champ, IC — XC·

℞. KωN· MX· ANΔ· Les trois fils d'Eudocie, de face et debout; Michel, au milieu, tient le labarum, et ses frères le globe crucigère. (S. 4.) Concave. T.B. OR.

1257. +· RωMAII· VΔKONI· Bustes de face et diadémés des deux augustes, tenant ensemble une longue croix.

℞. +· Θ· KЄBOHΘ··· Buste de face et nimbé de la Vierge, portant sur la poitrine le médaillon de son divin fils; à gauche et à droite, M̄P — ΘV· (S. 1.) Sou plane. B. OR.

MICHEL VII DUCAS

1258. +· MIXAHA· BACIA· Buste de face et barbu de Michel VII, tenant le labarum et le globe crucigère.

℞. IC· XC· Le Christ nimbé, etc. (S. 1.) Concave. B. OR.

1259. +· MIXAHA BACIA· Buste de face et barbu de Michel VII, tenant le labarum et le globe crucigère.

℞. IC — XC· Buste du Christ, etc. (S. 2.) Concave. T.B. OR.

MICHEL VII ET MARIE

1260. +· MIXAHL· S· MAPIA· Bustes des deux augustes, de face, tenant une longue croix très ornée.

℞. +· Θ· KЄROHΘ· MP — ΘV· Buste, de face, de la Vierge, tenant un médaillon avec l'effigie de l'enfant Jésus. (S. 11 var.) T.B. OR.

NICÉPHORE III BOTANIATE

1261. +· NIKHΦ· ΔЄC· TƜ· BOTANIAT· L'empereur, de face et debout, sur un coussin, tenant le labarum et le globe crucigère.

℞. ĪC — X̄C· Le Christ assis, de face, etc. (S. 4.) Concave. B. OR.

1262. +· NIKH· ΔЄC· TƜ· BOTANIAT· Type à peu près semblable au précédent.

℞. ĪC — XC· Le Christ assis, la main droite élevée. (S. 5 var.) Concave. B. OR.

ALEXIS Ier COMNÈNE

(1081-1118.)

1263. +· AΛЄΞIƜ· ΔЄCΠOT· TƜ· KOMMN· L'empereur, debout et de face, en manteau impérial, tenant le sceptre et le globe crucigère.

℞. MP ΘV· La Vierge nimbée, assise, de face, tenant un médaillon à l'effigie de son divin fils. (S. 1.) Trouée. Sou pâle, concave. B. OR.

1264. ΑΛΕΖΙω ΔΕCΠΟΤΗ Τω ΚΟΜΝΗΝω. L'empereur, de face, en manteau impérial, etc.

℞. +· ΚΕROΗΘΕΙ· IC· XP· Le Christ assis, etc. (S. 2.) Concave. B. OR.

1265. Pièce à peu près semblable à la précédente. (S. 2.) Concave. B. OR.

1266. ΛΛΕ3IC· ΔΕCΠΟ..... Alexis et saint Constantin, de face et debout, tenant ensemble, au milieu d'eux, une longue croix grecque, etc.

℞. +· ΚΕROΗΘΕΙ· I͞C — X͞C· Le Christ assis, etc. (S. 6.) Concave. B. OR.

JEAN II COMNÈNE PORPHYROGÉNÈTE

1267. Iω· ΔΕCΠΟΤΗC· (Ο· ΓΕωΡΡΙΟC· à rebours). Saint George nimbé, de face, tient, avec l'empereur, une longue croix grecque.

℞. IC — XC· Le Christ assis. (S. 7 var.) Trouée. Concave. B. OR.

1268. +· Iω· ΔΕCΠΟΤΗ· ΘV· Bustes de la Vierge et l'empereur, tenant ensemble une longue croix grecque; au-dessus de la tête de l'empereur, une main bénissante.

℞. I͞C — XC· Le Christ assis, tenant le livre des Évangiles; la main droite élevée. (Inédite.) Concave. B. OR.

MANUEL Ier COMNÈNE

(1143-1180.)

1269. ΜΑΝЧΗL· Ο· ΘΕΟΔωΡΟ· Saint Théodore nimbé, de face et debout, tenant ensemble, avec Manuel debout à sa droite, une longue croix grecque posée sur un globe.

℞. I͞C — XC· Le Christ debout sur la croix; de chaque côté, une étoile. (S. 1.) Sou d'or pâle, concave. B. OR.

1270. ΜΑΝЧΗΛ ΔΕCΠΟΤΗ· Τω· ΠΟΡΦVΡΟΓΝΝΗ· L'empereur debout, tenant le labarum et le globe surmonté de la croix grecque.

℞. + ΚΕΡΟΗΘΕΙ· I͞C· Buste, de face, du Christ, etc. (S. 3 var.) B. OR.

1271. Pièce à peu près semblable mais d'un coin différent. (S. 3 var.) Concave. T.B. OR.

1272. Pièce à peu près semblable. (S. 3 var.) Concave. B. OR.

1273. ΜΑΝΟVΗΛ· ΔΕCΠΟΤ· ΠΟΡΦVΡΟΓΝΗΤ· L'empereur debout, de face, tenant le labarum et le volumen; en haut, à droite, une main divine.

℞. IC — X. C. D. EMMA. N8HV. Buste du Christ. (S. 8.) Trouée. Sou d'or pâle, concave. B. OR.

1274. Légende manque. La Vierge et l'empereur debout, de face, tenant ensemble une longue croix grecque.

℞. IC — XC. Le Christ assis, etc. (Inédite.) Concave. T.B. OR.

ANDRONIC Ier COMNÈNE

1275. [AN]ΔPONIKOC. IC. ΔЄCΠOTHC. L'empereur debout, tenant de la main droite le labarum et le globe crucigère ; à côté, le Christ debout le couronne.

℞. MP — ΘV. La Vierge assise, les bras enveloppés dans son vêtement. (Inédite.) Concave. T.B. OR.

1276. ANΔPONIKω. IC. XC. ΔЄ..... TH. Type semblable à la précédente, mais l'empereur tient le volumen au lieu du globe crucigère.

℞. + ΘKЄROHΘЄI. MP — ΘV. La Vierge nimbée, debout sur un coussin, les deux mains élevées. (Inédite.) Concave. T.B. OR.

ISAAC II L'ANGE

(1185-1195.)

1277. ICAAKIOS. ΔЄC X MI. Saint Michel debout, couronnant l'empereur qui tient une longue croix.

℞. MP. ΘY. La Vierge assise, de face, etc. (Inédite.) Concave. Sou pâle. B. OR.

1278. ICAAKIOC ΔЄCΠ. Isaac debout, de face, et, à sa gauche, l'archange Michel nimbé, tenant ensemble un glaive dans le fourreau ; l'empereur tient une croix ; en haut, une main divine, et sous l'aile de l'archange, les lettres O.X.M.

℞. MP — ΘV. La Vierge assise, portant un médaillon à l'effigie de l'Enfant Jésus. (S. 1.) Concave. B. OR.

MICHEL VIII PALÉOLOGUE

(1261 à 1282.)

1279. XM.... Aux pieds du Christ nimbé sur la croix et assis, de face, paraît l'empereur à genoux, soutenu par l'archange Michel nimbé ; de chaque côté de la tête du Christ, IC — XC.

℞. Buste nimbé de la Vierge, de face, tenant les mains élevées, et entouré du plan de la ville de Constantinople, dont les murailles crénelées sont garnies de tours, etc. (S. 1.) Concave. B. OR.

1280. Pièce à peu près semblable à la précédente. (S. 1.) Concave. T.B. OR.

ANDRONIC II

(1282 à 1328.)

1281. **ΑΝΔΡΟ-ΝΙΚΟϹ ΔЄϹΠΟΤ ΟΠΑΛЄ.** Et dans le champ, ΙC — XC. Le Christ nimbé, debout, posant ses mains sur la tête d'Andronic qui est agenouillé à ses pieds.

℞. La Vierge comme sur la pièce précédente. (Inédite.) Concave. B. OR.

ANDRONIC II ET MICHEL IX

(1294-1320.)

1282. **ΑΝΔΡ· ΜΧΑΙ· ΠΑ··· ΙΧ — ΧC·** Le Christ, de face, posant ses deux mains sur les têtes d'Andronic et de Michel agenouillés à ses côtés.

℞. Buste de la Vierge entouré des murailles d'une ville. (S. 14.) Trouée Concave. B. OR.

EMPIRE DE THESSALONIQUE

JEAN L'ANGE COMNÈNE

(1232 à 1234.)

1283. **ΙΩ· ΔЄϹΠΟΤΗ· ΜΡ_ΘV·** Bustes, de face, de Jean et de la Vierge nimbée, tenant ensemble une longue croix grecque ; l'empereur tient le volumen ; au-dessus de la tête de Jean, une main divine.

℞. ΙC — XC· Le Christ assis, de face, la main droite élevée et tenant le livre des Évangiles dans l'autre main. (S. 1.) Trouée. Concave. B. OR.

GONDEBAUD, roi des Burgundes.

(473-516.)

1284. **DN· ANASTASIVS P· R· AVG·** Buste de face et casqué d'Anastase, avec le bouclier et portant la lance sur l'épaule.

℞. **VICTORIA AVGGG·H·** Victoire, à gauche, tenant une longue croix; dans le champ, à gauche, le monogramme de Gondebaud, et, à droite, une étoile; à l'exergue, **CONOD**. T.B. OR.

THÉODORIC

(493-526.)

1285. **DN· ANASTASIVS P· F· AVG·** Buste de face et casqué d'Anastase, avec le bouclier et portant la lance sur l'épaule droite.

℞. **VICTORIA AVGGG·** Et le monogramme de Théodoric. La Victoire debout, à gauche, tenant une longue croix; dans le champ, à gauche, le monogramme de Rome, et, à droite, une étoile ; à l'exergue, **COMOB**. (S. 1 var.) T.B. OR.

DUCS DE BÉNÉVENT

ROMOALD II

(706-731.)

1286. **DN· IVSTINANV· PP·** Buste de face et diadémé de Justinien, revêtu de la robe à plis et tenant le globe crucigère.

℞. **VICTORI AVGVS·** Croix potencée posée sur un globe et trois degrés ; à l'exergue, **CONOB**, et dans le champ, à gauche, la lettre **R**. (S. 6.) T.B. OR.

1287. **DN· IVSTINIVNԿS·** Buste, de face, de l'empereur, comme sur la pièce précédente.

℞. **VICTO· ASVԿ·** Croix potencée; à l'exergue, **CONOB**, et dans le champ, à gauche, le monogramme **RO[MOALD]**. (Inédite.) Tiers de sou. T.B. OR.

ADELAO ?

(731-733.)

1288. **ANASTASIVS ARTEMIV·** Buste de face et diadémé d'Anastase, tenant le globe crucigère et le volumen.

℞. **VICTORA ASV·** Croix ; à l'exergue, **CONOB** ; dans le champ, à droite, **AΔ** ? mon. (Inédite.) Tiers de sou. T.B. OR.

GRÉGOIRE

(733-739.)

1289. **DN· ᏆIbЄRIЧS· PF· AVC·** Buste de face et diadémé de Tibère V en costume militaire, tenant de la main droite une lance placée de droite à gauche devant sa poitrine.

℞. **VICTOA AVGЧ·** Croix potencée ; à l'exergue, **CONQB**, et dans le champ, à gauche, **Ϲ**. (S. 5, var. inédite.) Tiers de sou. T.B. OR.

LUITPRAND

(751-758.)

1290. **DN· ThЄODSIS AЧG·** Buste de face et diadémé de Théodose III, tenant le globe crucigère.

℞. **VICTORI AVG C̄ V.** Croix potencée sur trois degrés ; à l'exergue, **CONOB** ; dans le champ, **L** et une étoile. (S. 2.) B. OR.

ANONYME

1291. **DNIINVS· PP·** Buste de face et diadémé de Justinien II.

℞. **VICTOR· AGVSTO·** Croix potencée, terminée par un globe à son extrémité et posée sur quatre degrés ; à l'exergue, **CONOB**, et dans le champ, à gauche, une main ouverte. Trouvée à Bénévent. T.B. OR.

MACON, PROTAT FRÈRES, IMPRIMEURS

www.ingramcontent.com/pod-product-compliance
Lightning Source LLC
LaVergne TN
LVHW011959180726
843502LV00005B/1470